図説

ヴィクトリア朝の子どもたち

奥田実紀＋ちばかおり

河出書房新社

目次

はじめに

本書は、私・奥田実紀と、ちばかおりとの共著です。私たち二人はフリーランスのライターとして、興味のあるテーマを探求し、書籍という形でまとめてきました。偶然にも、二人が共通して追いかけてきたのが、児童文学でした。小さな頃から、国内外問わず、名作といわれる作品を愛読し、大人になってからは作者や物語ゆかりの場所を自分の足で歩いてきました。

私の場合は特別に好きだった『赤毛のアン』の舞台となった島を訪ね、実際にそこで暮らしたことから、アン関連の書籍を数多く出していただく機会に恵まれ、その後、英国の児童文学へとフィールドを広げました。

ちばは『アルプスの少女ハイジ』や、世界名作劇場シリーズなど児童文学をテレビアニメーション化した作品との出会いをきっかけに、児童文学とその作品が生まれた時代や背景へと関心を深め、物語の舞台や作品の生まれた場所を訪ね、『世界名作劇場への旅』、『ラスカルにあいたい』など書籍にまとめてきました。

子どもの頃に夢中になった物語は、大人になると思い出に変わってしまい、読まなくなってしまうことも多いですが、私たちの場合は、大人になっても児童文学への興味は消えず、むしろふくらむばかり。物語の時代背景、歴史、作者の人生を知って、ますますのめりこんでいきました。物語を深く味わうおもしろさは、ゆかりの場所を訪ねるというテーマを持った旅へとつながり、何十年にもわたる地道なリサーチとなりました。あそこに行きたい、これを調べたいという好奇心は今なお消えません。

英国は、良質な児童文学が数多く生まれた国です。前述の世界名作劇場でアニメ化された『小公女』や『ピーター・パン』も、日本では児童文学作品としておなじみの作品です。今日名作として知られる英国の児童文学はその多くが、児童文学の黄金時代といわれる一八六〇年頃から一九三〇年頃までに出版されました。この期間は、ヴィクトリア女王の治世と重なります。英国が世界に名をはせ、栄えた時代に児童文学も大きく花開き、それは流行で終わらず、時代と国を超えて読み継がれ、名作として現在にいたります。

ヴィクトリア朝について書かれた本は、ほかの時代と比べて群を抜く多さで、巻末の参考資料を見ていただいてもわかるように、日本でもとくに人気のある時代だということがわかります。本書は、児童文学の主人公である当時の子どもたちの暮らしにスポットを当て、図版をふんだんに使って、わかりやすくまとめることを心がけました。

本書が、小さい頃から読み親しんだ英国の児童文学をさらに深く味わい、楽しめるきっかけになっていただけたら幸いです。

奥田実紀

〝子ども〟とは？

本書では「子ども」の対象範囲を、当時の英国の初等教育が終わる一三歳までとしました。一八七〇年に初等教育法が制定され、イングランドとウェールズの五～一三歳のすべての子どもの教育が義務化されました。一九一八年（エドワード朝）の教育法では一四歳になりましたが、多くの生徒は一四歳まで初等学校に残ったそうです。

ちなみに、結婚可能年齢は、男子一六歳、女子一二歳でした。

ヴィクトリア朝とは？

世界に先駆けて英国で起こった産業革命《インダストリアル・レボリューション》と、ヴィクトリア朝は、密接にかかわっています。

産業革命とは、生産技術の革新とエネルギーの変革で、綿工業から始まったといわれます。人力に代わる機械の発明、それにともなう蒸気機関の利用は、綿工業から機械、鉄、石炭といった重工業へも広まっていきました。産業革命は一気に行われたのではなく、一七六〇年頃から一八六〇年頃まで、約一〇〇年間にわたって段階的に進んでいきました。最も活発だったのは一七九〇年～一八一〇年頃といわれます。

ヴィクトリア朝は、ヴィクトリア女王が即位した一八三七年から、亡くなる一九〇一年までの六四年間をさします。長期にわたるため、前期（一八三七～一八五〇）、中期（一八五一～一八七〇［一八七三とする研究書もあり］）、後期（一八七〇～一九〇一）と分かれ、前期と後期では社会情勢もかなり変わっています。

産業革命は女王が即位した一八三七年には完成期を迎えていました。ヴィクトリア女王は英国が最も繁栄した時

［右］『パンチ』誌に描かれた、子だくさんの女王夫妻の風刺画。女王は恋愛結婚で、アルバート公との間に９人の子どもを生みました。
［左］1865 年の『パンチ』誌の風刺画。女神（大英帝国の擬人化）が望遠鏡で見ているのはアメリカ。アメリカ南北戦争の争点になった黒人奴隷制度廃止を支持した大英帝国。足元には、ロンドンの貧しい浮浪児が描かれ、「僕たちの肌は、気にかけてもらえるほど黒いですか？」と問いかけます。国内の厳しい現状を見ずに他国へ気を取られている英国を皮肉っているのです。

代を築きましたが、それは産業革命という基盤がすでにできあがっていたことも大きいでしょう。

　産業革命は、英国という国と社会を劇的に変えました。

産業革命で、石炭や鉄鋼を利用した工業化が進み、流通も交通も便利になりました。都市へ移り住む人々が増えたことで、家畜を飼い、野菜や果物を育てる田舎での自給自足の生活も大きく変わっていきます。

・領土・国力の変化（植民地の拡大。女王の在位中に英国の領土はそれまでの二倍に）
・動力・交通の変化（人・動物の力から、水力、蒸気機関、ガス、電気へ）
・階級社会の変化（中流階級の台頭）
・人口の変化（人口の増加、田園から都市への人口流入、植民地への移民）
・労働の変化（農業が衰退し、工場労働へ）
・環境の変化（生活スタイル、医療、衛生、教育、食事など）

　このような変化は、当然のことながら、子どもたちにも影響をおよぼしました。

子ども観が変わる

　ヴィクトリア朝は、それまでの子どもの概念がくつがえされ、子どもが注目された時代でもあります。

　中世において、子どもは〝小さな大人（大人のミニチュア）〟という扱いでした。洋服は大人のものを小さくしただけであり、子育てについても家《か》畜《ちく》同然と表現する研究者がいるほど、実務的になされ、甘やかされることはありませんでした。子どもであっても大人と同じように働いており、階級は関係なく家の外へ奉公《ほうこう》に出されました。両親や教育の場における子どもへの暴力は、社会的に認められていた時代です。子どもは分別《ふんべつ》のない存在なので、厳しくしつけることは善だと思われていたのです。

　そうした考えが変わり、子どもは無《む》垢《く》な存在であり、愛情を持って大切に育てられるべきであると認識されるようになったのが、一八世紀末から一九世紀にかけてでした。哲学者のジョン・ロック（一六三二〜一七〇四）は、子どもは真っ白な状態なので、子どもの

［右］大英帝国は植民地政策で世界の４分の１を手にしたといわれます。世界各地の植民地からは、さまざまな物資が英国に輸入され、人々の暮らしを豊かにしていきました。しかし多くの労働者階級は貧しさにあえいでいました。
［左］蒸気船や鉄道のおかげで、中流階級は都会の不衛生な環境から逃れ、通勤可能な郊外の一軒家に住むことができるようになりました。『鏡の国のアリス』で、アリスが鉄道に乗る場面があります。鉄道は物流だけでなく、人々に遠出する楽しみも与えました。時刻通りに発着する鉄道によって人々は“時間”を強く意識するようになります。

成長段階に合わせてよい教育を施していく必要があると説きました。教育論者のジャン・ジャック・ルソー（一七一二〜一七七八）は、子どもの自主性、子ども固有の価値観を認め、成長段階に応じて適切に導くことが大事だと説きました。こうして、子どもへの独自の配慮や教育が重要なものだと認識されるようになります。

この時代に流行した〝ロマン主義〟も、子どもに関心が寄せられた要因です。ロマン主義とは、ヨーロッパ全体で流行した芸術運動で、感情・個性・自由・創造力などを尊重し、自然との一体感、神秘的・無限なものへの憧れを表現しました（それ以前の古典主義は、教訓や合理性などを重視）。

ロマン主義に傾倒した詩人のウィリアム・ワーズワース（一七七〇〜一八五〇）やサミュエル・テイラー・コールリッジ（一七七二〜一八三四）、作家のトーマス・カーライル（一七九五〜一八八一）らは、子どもは純粋でけがれがなく、想像力豊か、しかし青年になっていくとそれらが失われてしまうとして、子どもを神聖なものと考えて作品でも表現しました。過ぎ去った子ども時代を美化、理想化したロマン主義者は、児童に過酷な労働をさせる工業化へ批判の目を向けます。児童労働を取り上げたチャールズ・ディケンズ（一八一二〜一八七〇）らの小説も、ロマン主義をさらに広めました。

子どもを子どもとしてとらえ、大人とは違う保護すべき無垢な存在であるという〝新しい子ども観〟は、それまで重要視されなかった子どもの立場を大きく変えるのです。

家庭のあり方が変わる

中流階級は、産業革命によって工業化、都市化が進んだ結果台頭してきた新しい階級です。ヴィクトリア女王以前の、勝手気ままで乱れていた王室にへきえきしていた国民は、若くはつらつとした女王に明るい未来を感じたこ

父親は家族を支えるため働きに出て、母親が家庭を守り、子どもの教育を考える。家族の仲むつまじい姿はヴィクトリア朝の理想の家庭像でした。本の読み聞かせや音楽は、家族が一緒に楽しめる娯楽でした。

とでしょう。恋愛結婚で、子どもにも恵まれ、家庭を大事にしたヴィクトリア女王夫妻は、国民の模範――とくに中流階級の模範になりました。夫妻の愛情にあふれた一家だんらんの姿は、家族の理想でした。

　父親は外で働き、妻子を養う。母親は家庭の天使として家におり、召使を監督し、子どもを育て、夫に安らぎの場を与える。これが経済力を持ってきた中流階級の理想的な家庭のあり方でした。

　医学の進歩で子どもの死亡率が減少。ジョージ朝の家庭では平均二・五人だった子ども数が、ヴィクトリア朝では平均六人にまで増加しました。アイルランドを除く英国の人口のうち、一五歳以下は一八五一年では約三五％、一九〇一年には三二％を占めていたといいます。この数字からもわかるように、ヴィクトリア朝末期は出生率が下がり、子どもにお金をかけ、大事に育てるようになりました。

　子どもの就労規定や初等教育の義務化などによって、子ども時代が長くなり、子どもが子どもでいられる期間が増えました。そのため、子どもを楽しませる娯楽や書籍、服が作られ、自分たちのように将来苦労しないためによい教育を与えてジェントルマンやレディに育て上げるための教育が、商売として成り立っていきます。家族は、子ども中心へと、変化していくのです。

　階級意識が強いヴィクトリア朝で、子どもたちはどの階級の家に生まれたかで人生が決まるといっても過言ではありませんでした。大人から注目された子どもの世界は、ロマン主義が理想化したような甘いものではなく、光と影がはっきりとしていました。本書では、その両面をお伝えします。

　遠い国の、過ぎ去った時代のこととはいえ、驚くほどめまぐるしく物事が移り変わっていったところは、アナログからデジタルへと移ってきた現代ととてもよく似ています。未成年である子どもたちは、大人のもとで、どのように生きていったのか、生きていかざるをえなかったのか――。子どもたちの暮らし、姿から、ヴィクトリア朝をのぞいてみると、また違った発見があるでしょう。

　本書をまとめるにあたり、ヴィクトリア朝に出版された児童文学からの引用、該当箇所をできる限り、取り入れました。児童文学は一二歳くらいまでの子どもを対象にしたお話をさしますが、子どもが登場する大人向けの小説も、引用の対象としました。また、ヴィクトリア朝は厳密には一九〇一年で終わりますが、ヴィクトリア朝の文化自体がそこで完全に終わったわけではないため、ヴィクトリア朝以降に出版された文学作品も若干含めています。

原稿を書くにあたり、多くの児童文学を読み返し、こんな描写があったのか、こんな場面忘れていた……など、改めてそのおもしろさを知りました。名作として残るものには、それだけの魅力があると実感しました。みなさんもぜひ、この機会に読み返してみてください。

Column

英国の階級社会

J・M・バリの『ピーター・パンとウェンディ』で、海賊フックは、育ちがよく、手下たちとは違った階級の人間だと書かれています。

階級なくして、ヴィクトリア朝を語ることはできません。時代によって定義は異なり、一言で説明はできませんが、大きく「上流階級《アッパー・クラス》」、「中流階級《ミドル・クラス》」、「労働者階級《ワーキング・クラス》」の三つに分かれます。もともとは〝特権階級〟と〝一般庶民〟の二つにはっきりと区別されていた社会が、産業革命によって、細分化されていきます。

上流階級

王室、伝統的に土地の収益によって暮らすことのできる（労働しなくてもよい）貴族や地主階級。貴族とは公爵《こうしゃく》、侯爵《こうしゃく》、伯爵《はくしゃく》、子爵《ししゃく》、男爵《だんしゃく》という爵位《しゃくい》を持つ者。地主階級とは、土地を持った準男爵、ナイト爵、爵位はないが貴族同様に大土地を所有するジェントリ。上流階級は全体のほんの数パーセント。

中流階級

上流階級に近い「アッパー・ミドル・クラス」と、労働者階級に近い「ロウアー・ミドル・クラス」に分かれます。

「アッパー・ミドル・クラス」は聖職者、法律家、軍の士官、裕福な商人などの、知的職業に就いているか商売で財を成した者をいいます。家や財産を相続できず、職に就くことを余儀なくされた上流階級の「長男ではない息子」を含むので、上流階級と同じく「紳士《ジェントルマン》」であるとみなされます。

もともとは「労働者階級」の出身ですが、教育などの恩恵により、事務職や小規模の小売業などに就いて、中流階級の仲間入りをしたのが「ロウアー・ミドル・クラス」です。

「ミドル・クラス」という同じ言葉がついていても、「アッパー・ミドル・クラス」と「ロウアー・ミドル・クラス」はまったく違う階級です。

「ロウアー・ミドル・クラス」のうち、富を築き、自分の子どもたちにはよりよい教育を受けさせ、よい仕事に就かせてさらに上昇させたのが「ミドル・ミドル・クラス」。「ミドル・クラス」という呼称に「アッパー」「ロウワー」という形容詞をつけるようになったのは、一九世紀後半から二〇世紀にかけてということです。

労働者階級

階級の最下位に分類されたのが、生計を立てるための財産や特殊技能を持っておらず、肉体労働の仕事に就く者とその家族です。

生まれてきた妹のために、ダイヤモンド少年が詩を作って聞かせました。『北風のうしろの国』の挿し絵より。

第1章

誕生

赤ちゃん、生まれる

かわいい赤ちゃん／どこから来たの？／広い広い世界じゅうから／ここへやって来たの

（ジョージ・マクドナルド『北風のうしろの国』脇明子訳）

この詩は、貧しい馬車屋のダイヤモンド少年が、妹が生まれたときにうたった歌で、彼のあふれんばかりの喜びが描かれています。ダイヤモンドは「赤ちゃんは、神様からの最高の贈りものだ」といって、「まるで赤ちゃんがたくさんの宝物を持ってきたかのように大歓迎」します。しかしダイヤモンドも、出費の増加や、前以上に食事が不足するなどの苦境をみて、赤ちゃんがもたらしたのは必ずしも幸せだけではないことも感じ取ります。ダイヤモンドは、だからいっそう幸せの歌を口ずさんで、みんなを励ましました。

子どもが誕生するということは、いつの世でも親から待ち望まれる喜ばしい出来事であり、愛情を持って迎えられるものだと現代の私たちは考えます。

しかし中世以来、子どもは社会共同体を支える一員であり、いうなれば家畜同様、社会の共有財産でした。英国においては、一七世紀のかなりあとになるまで、子どもは誕生後すぐに母親から引き離され、貧富を問わず乳母のところへやられました。里子に出されたり、捨てられたりすることも決して珍しくありませんでした。

しかし一九世紀に入る頃になると、社会よりも家族が生活の中心に考えら

Column

ピン——安産のお守り

この子といえば、二階の引き出しの中には、もうすでに何百本という祝いのピンが、誕生を喜び迎えてくれている。

（チャールズ・ディケンズ『デイヴィッド・コパフィールド』中野好夫訳）

出産を控えた妊婦へ、知人や友人たちが針刺しにピンを刺して祝いの言葉を書いてプレゼントするもので、デイヴィッドの母にもたくさんのピンが贈られていました。しかし夫を亡くし、未来の不安を抱えて出産に臨もうとする彼女の不安を取り除くことはできなかったようです。

Column

幸運のお守り

ヨーロッパでは、スプーンは古くから食＝日々の糧《かて》を表すアイテムでした。多くの私有財産を持てなかった庶民にとって、スプーンは財産や人生の象徴でもあり、経済的な苦労をしないよう願いが込められた幸せのシンボルとして定着しました。

スプーンの材質は、その家柄によって異なり、家柄がよいと材質が銀などの高価な金属で作られたスプーンになるため、よい家柄に生まれることを「銀《ぎん》の匙《さじ》をくわえて生まれる」ともいいました。

銀は毒に反応して変色するため、古くから毒味用として貴族の食器に用いられ、銀には魔除《まよ》けの力があるとされたのです。また、銀そのものが貴重品で入手困難な金属でしたから、銀のスプーンで食事ができることこそが豊かさの象徴であり、上流階級、裕福な中流階級の家庭では、子どもに銀のスプーンを贈る習慣があり、赤ちゃんの富や健康、幸福を願うお守りになったのです。

また、赤ちゃんが生まれてくるときに一緒に排出される胎児《たいじ》を包む膜や胎《たい》盤《ばん》、臍帯《さいたい》は、胞衣《えな》と呼ばれ、赤ちゃんが頭にかぶって出てきた胞衣は、幸運の帽子とされ、とくに水難除けの護符《ごふ》として漁師に重宝されました。

時には売買されることもあったようで、『デイヴィッド・コパフィールド』では、デイヴィッドの胞衣が新聞広告に出され、一五ギニーの値がつけられています。

19世紀になると、銀のスプーンは、中流階級以上の間で赤ちゃんへの出産祝いや洗礼式の一般的な贈り物として定着しました。

キリスト教の価値観のもと母親は年中妊娠と出産を繰り返し、家族がどんどん増えました。

れるようになり、〝子ども〟という存在に関心が向けられるようになっていきました。

子だくさんは当たり前

そのころは、たいてい、どこの家でも、いまよりよっぽど大ぜい子どもがいるのがあたりまえでしたし、また、そういう子だくさんの家の子どもたちが、わからずやぞろいだってことも、よくあったことです。

（クリスチアナ・ブランド『ふしぎなマチルダばあや』矢川澄子訳）

ヴィクトリア朝には、表だっては禁《きん》欲《よく》をよそおい、一方で、避妊《ひにん》は聖書の教えに反する罪深いもので大家族をよしとするとする考え方が根強くありました。避妊を知らないヴィクトリア朝とさえいわれ、避妊具はあったものの、当時はまだ信仰上のモラルや社会通念から、積極的な避妊は多くの人の心理的抵抗にあいました。

英国全土の人口は、紀元後、長い間二〇〇〇万人から四〇〇〇万人で推移してきていたのが、近世に入ると増加傾向となり、一九世紀になると急激な増加に転じます。一八一一年には八七〇万人だったのが、一〇〇年後の一九一一年には三三〇〇万人を越えました。産業革命を背景に、医療や保健衛生が進歩したことも人口増加の理由でした。

　母親は、年中妊娠と出産を繰り返していました。出生数は一夫婦当たり一八六〇年代には六・一六人でした（国勢調査では、一八六一〜一八六九年に結婚した夫婦の子どもの数は、平均六・九人）。一八七〇年の調査によると、上流階級や中流階級の女性は、一生に平均で五・三人（死産も含む）を産んでいます。労働者階級や貧困層ではもっと多かったことでしょう。

　生まれる子どもの数に比例して乳幼児死亡率も高く、そのうえ、現代ほど衛生や医療設備が十分ではなかった当時、母親自身が出産で命を落とすこともしばしばでした。母親の死亡率は、一八七〇年には二〇四人に一人。何人も妊娠し子どもを産んだヴィクトリア朝の出産事情を考えると、この数字は決して少ないとはいえません。出産は命がけだったのです。

　一九世紀も後半に入り、英国は「子どもの生を改善することが国家の存続と繁栄にとって重要な前提」であると位置づけ、健康な子どもの育成が国家の繁栄をもたらすとしました。子どもの学費や、高い生活水準の維持もあって、一人の子どもを丁寧に育てるようになり、富裕層の出生率は減少に転じました。しかし労働者、貧困者の子だくさんは相変わらずで、乳児死亡率も高く、人口の増加はそのまま、捨て子の増加にもつながり、不健康な乳幼児の増加は、国家の劣化を招くとまでいわれました。

Column

水が問題

一九世紀、ロンドンはテムズ川の水を飲料水にしていましたが、生活排水や汚水、工場排水もすべてテムズ川に流されていました。一八五二年にようやくテムズ川からの取水はロンドン橋から三〇km上流のものとされ、濾過《ろか》が義務づけられました。

　テムズ川の汚染を機に水道の整備が進められたものの、一九〇三年に首都水道局が誕生するまで、ロンドン市民は安全な飲み水は得られませんでした。

　水は危険で不純なものだったので、人々は好んでエールやビールを飲み、幼い子どもさえもビールを飲んでいました。一九世紀の後半にはビールに代わって、湯を沸かして淹れる紅茶やコーヒーが飲まれるようになったため、ようやくコレラも減りました。

ポンプで取水する場合でも、井戸に生活排水等が流れ込むなど、危険と隣り合わせでした。1854年のコレラ大発生の原因も井戸水の汚染からでした。

Column

無痛分娩と立ちあい出産

ぼくは自慢げにいった。「スノウ博士は女王様にもクロロホルムを使ったんだよ」

（デボラ・ホプキンソン『ブロード街の12日間』千葉茂樹訳）

長い間、お産には女性の産婆《さんば》がかかわっていましたが、一九世紀に入ると科学の名のもとに男性産科医が介入するようになりました。鉗子《かんし》などの器具や麻酔薬の使用は医療行為で男性産科医にしか認められていなかったので、産婆の手に負えない難産のときに呼ばれ、産婦や赤ちゃんの命を救う機会を増やしました。

男性医師の増加とともに、夫が妻の出産に立ちあうというスタイルが普及します。一八三〇年代以降、それまで出産から閉め出されていた夫側の父権維持が主張されたからですが、男性産科医の台頭にともなって、夫婦間の私的空間へ別の男性（医師）が介入することへの警戒意識もあったようです。

麻酔による出産は、それまで分娩時の痛みに耐えてきたヴィクトリア朝の多くの女性に歓迎されました。なかでもたび重なる出産の辛さを味わっていたヴィクトリア女王は、四男レオポルドの出産からは、自らクロロホルムによる無痛分娩《むつうぶんべん》を選びました。当時の麻酔薬の権威であったジョン・スノウ医師（一八一三～一八五八）に立ちあいを依頼し、二度の無痛分娩に成功しました。子だくさんのチャールズ・ディケンズ家も、お産で苦しむ妻のために、ディケンズが自らクロロホルムを用意しています。

スノウ医師は、一八五四年にロンドンで発生したコレラ大流行の原因をつきとめた人物としても知られています。ヴィクトリア朝では、コレラが繰り返し発生しました。スノウ医師が科学的な調査をもとに、原因は汚染された井戸水だと解明するまで、悪い空気が人を病気にすると信じられていました。このスノウ医師の実話をもとに、少年イールの活躍を描いた物語が『ブロード街の12日間』で、コレラは〝青い恐怖〟、〝青い死〟ともいわれていると描写されています。

英国では、保護の必要な一部の貧困層が病院で出産する以外は、自宅で出産することが普通でした。たいていは寝室か、分娩のために用意した部屋で、つき添う家族や友人、妊婦などの居心地がよいように、居間のような雰囲気を持たせるのがよいとされていました。英国では1801年より結婚届、出生届が義務づけられるようになりました。

ヴィクトリア女王の四男レオポルド王子。そう明記されていなければ女の子と間違えそうですが、当時は赤ちゃんの服に男女の差はありませんでした。

子どもの死

二人の墓のかたわらには、それぞれ一フィート半ぐらいの丈の、小っちゃな菱形の墓石が五つ、きちんと一列に整列し、これは夭折《ようせつ》したぼくの五人兄弟の御霊を祀ってあったのだが――。

（ディケンズ『大いなる遺産』石塚裕子訳）

ヴィクトリア朝では、多くの子どもが生まれましたが、不幸にして亡くなる子どもも、今よりずっと多くいました。『大いなる遺産』のピップは両親を亡くした孤児でしたが、彼の兄弟になったはずの五人の子どもたちはすでにこの世にはいませんでした。物語冒頭、人気のない寂しい墓地で、先に亡くなってしまった両親と兄弟の墓を見ている場面は、寄《よ》る辺《べ》もないピップの孤独さが胸に迫ってきます。

この時代、乳児の死亡率は、産業革命の影響を受けた工業地帯でかなり高いものでした。中部イングランドにあるレスターは、靴下織物やレース織物がさかんで女性の就職率も高い地域だったこともあり、働きに出る女性が多

“子守が脇見をしている間に乳母車から落ちた赤ん坊は、7日以内に受け取る人のいない場合、みなネバーランドへ行く”と『ケンジントン公園のピーター・パン』にあります。

多くの子どもはちょっとした不注意や病気などで、簡単に命を落としてしまいました。右図のように保護者がそばにいてくれる赤ちゃんは幸せでした。

かったことと比例して、乳児死亡率がひときわ高くなっていました。死因は下痢を筆頭に、発育不全、全身けいれん、歯疾患、早産などが挙げられますが、下痢症状は衛生状態と育児環境の悪さが原因とされています。

　ロンドンのある悪徳業者が、養子募集と称して、預かった赤ん坊を次々にアヘン漬けにしたうえ、死にいたらしめ、敷地内に何人もの遺体をそのままにしていた事件で世論が動き、一八七二年に「幼児生命保護法」が制定されます。

　幼児生命保護法は、六歳以下の児童を報酬目的で預かることを禁じ、「里親」に預けられる私生児の命を保護し、業者を管理、監視するものでした。この保護法は一八九七年と一九〇八年に改正され、児童法となり、第二次世界大戦後まで改良が加えられました。

　十八人のうち八人半は、栄養不足や感冒で病気になるとか、油断をしていたため暖炉の中に落ちるとか、偶然、窒息しかかるとか、そういう事件が起り――。

（ディケンズ『オリバー・ツイスト』中村能三訳）

　この描写ほどひどくないにしても、とくに都市部では、人口過密と劣悪な住環境、公害、不衛生、上下水道の不備、栄養失調のほか、医療環境の不備や病気などで、幼いうちに亡くなる子どもは大変多かったのです。イングランドとウェールズでは一八三八年から一年間の出生率を一〇〇〇としたときの一歳児未満の死亡率は男児一六四・三、女児一三六・二という高い数字で、

貧困や病気、適切な看護ができないことから多くの子どもが幼いうちに亡くなりました。子を喪うことは、いつの世でも同じ哀しみでした。

貧困家庭ではアヘンなどでおとなしくさせる場合もありました。

Column

喪服

その黒いのを着るように言っておいで。

（フランシス・ホジソン・バーネット『小公女』川端康成・野上彰訳）

『小公女』の主人公セーラは、父親の訃《ふ》報《ほう》を知らされたあと、ミンチン先生から黒い服を与えられます。ミンチン先生にとって今や無《む》一文《いちもん》でお荷物になった娘でも、一応喪《も》服《ふく》は着せなければ、という判断があったのでしょう。

喪服に対して当時は厳しい規定がありました。親の場合、親戚の場合など、それぞれ喪服を着る期間や、どのような喪服であるべきかが決められ、ベールや装身具にまで細かい規定がありました。誰か親族が亡くなるたびに喪服を着用する期間が延びるので、喪服専門店があるほどでした。

「グリーン・ノウ」シリーズの作者で、一九世紀末に生まれたルーシー・M・ボストンは、子どもの頃の思い出として「一五歳になるまで喪服が脱げなかった。親戚が次々亡くなったのでそのたびに一年ずつ喪に服し」と自伝『意地っぱりのおばかさん』に書いています。

特別に喪服をあつらえることができなければ、喪章をつけることで弔意を表しました。『デイヴィッド・コパフィールド』のデイヴィッドは、幼くして母親を亡くしますが、貧しい少年だったので「黒い喪章をつけた、破れかけの真っ白い古帽に黒い上着、かたい、こちこちのコール天ズボン」で哀しみを表しました。

セーラはミンチン先生から古いお下がりの喪服を与えられました。

子どもが亡くなった場合、白い服で葬儀が行われました。

五歳児未満になると実に四〇%にも達しました。さらに婚外子の死亡率はその倍にのぼりました。

両親が働いているかどちらか亡くなっている場合、子どもはしばしば放置され、病気や不慮《ふりょ》の事故で亡くなることが多かったのです。一八三二年の議会工場報告委員会の報告によると、マンチェスターでは、五歳未満で死亡する子どもは、上流階級で二〇%、農村地帯では三二%以下でしたが、労働者の子どもになると五七%。とくに都市部では伝染病、神経系統、胃病、肺病が多く見られたといいます。このような病気のほかに、放置されるか不適切な保育者に預けるかして、窒息や火傷、転落事故、さらにはアヘンなどで失わなくてもよい命を失う子どもが多くいました。

子だくさんだからといって、愛児の死に際し、母親の哀しみが薄まるわけではなく、バーネットの『白い人たち』には、「激しく泣きじゃくりながら、身もだえしながら、お墓に新しくもられた芝土をにぎりしめたこぶしでたたきながら、お墓の前でうずくまるようにしていた」と、子どもを失ったばかりの母の姿が描かれています。

子どもの葬式では、黒い喪服ではなく、白い衣装を着ての参列が普通でした。田舎の村では、人が亡くなるとその年齢だけ鐘が鳴らされました。ほとんどの地域社会では、葬儀は大切な行事で、亡くした家族には礼節を尽くして弔意を示しました。チャールズ・ディケンズの『オリバー・ツイスト』には「葬式行列がいくつもあったが、小さなオリバーは膝までとどくハット・バント（絹のリボンを帽子のうしろで結わえ、長く垂らす。英国の葬儀屋の制服）姿で行列の先頭に立ち」という描写があります。子どもの葬儀には子ども専用の供人《ミュート》を仕立てることもあったようです。

生まれたあとの儀式

洗礼《クリスニング》

「ぼ、ぼくのみょうじですか、公爵さま？　――ぼくも知りません。」「洗礼をうけていないのかね？」と公爵が、つよい興味をみせて言いました。

（ジョーン・エイケン『バタシー城の悪者たち』大橋善恵訳）

キリスト教徒にとって、洗礼《せんれい》は子どもが生まれて初めて行う儀式で、誕生に次ぐ重要な意味がありました。子どもは洗礼を受けることで、罪を許されて新しく「生まれる」ことになり、晴れてキリスト教徒の一員と認められるのです。洗礼は宗派によってさまざまな形式がありますが、ここでは英国国教会の幼児洗礼について説明します。

洗礼式は、子どもが五か月くらいになると教会に親戚や名づけ親などを集めて行います。季節は関係ありません。

洗礼式には、通常両親が選んだ、教父母を立てます。教父母は子どもがキリスト教徒として神と契約する保証人として、その子に代わって悪魔を拒否する役割を持ちます。もともと、教会においての信仰の導き手としての役割があり、人生のアドバイザー的な役割として、終生かかわりを持ついわば後見人のような存在です。

洗礼名をもらうのはこの洗礼式です。その場でいきなり名前がつけられるのではなく、両親があらかじめ考えてお

19世紀には、裾の長い産着を着せていました。洗礼式にも着せるクリスニングドレスは長めのガウンとよだれかけ（次頁）。子どもの身長より長いものが一般的です。英国のロイヤルベビーが、男の子も女の子も、真っ白な長いドレスを身につけて洗礼式に臨む映像が記憶に新しいですが、法衣のように裾を長くするのは、神聖さを強調するためと言われています。

き、司祭にその名前を伝え、その名前で洗礼を受けるのです。聖水（清めた水）を赤ちゃんのおでこに振りかけて儀式は終了です。

堅信礼《カンファメーション》

洗礼式が英国国教会の仮のメンバーとなる儀式なのに対し、堅信礼は正式なメンバーになるために必要な儀式です。子どもは普通一三歳から一九歳で受けます。儀式自体は、司祭が按手《あんしゅ》（子どもの頭の上に手を置いて祈る）を行うだけの簡単なものですが、堅信礼は信仰告白式ともいい、子どもは、事前に祈《き》禱書《とうしょ》に載っている英国国教会に関する問答を覚え、自分の意思で堅信礼に臨みます。

「ナルニア国」シリーズの作者C・S・ルイス（一八九八〜一九六三）は、九歳のときに母をガンで亡くしました。母を治してくださいと懸命に神に祈ったのに聞き届けられず、ルイスは神を信じなくなり、堅信礼を受けないと決めましたが、父に押し切られてしまいました。後年、本当の意味で神を信じられるようになったルイスの言葉は、多くの無神論者たちの心を動かすことになります。

赤ちゃんに着せる産着

オリバー・ツイストは、着物というものの力を示す、絶好の実例であった。（中略）黄色くなった、キャラコの古着を着せられると、オリバーははっきり烙印《らくいん》をおされ、たちまちにして（中略）救貧院の孤児――いやしい、いつも空き腹をかかえている苦役者――（中略）へと落ちてしまったのである。

（ディケンズ『オリバー・ツイスト』）

ヴィクトリア朝を舞台にした児童文学には、孤児の物語が多いことに気づ

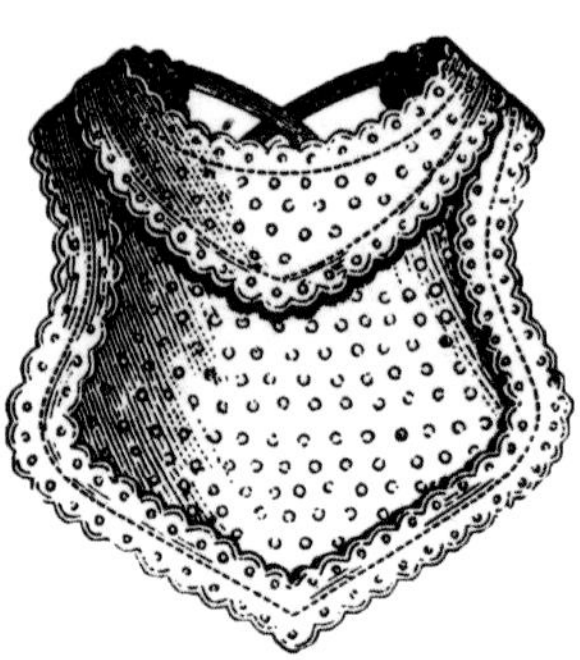

よだれかけ（ビブ）の色は男女とも白です。産着の丈は子どもの身長より長いのが普通でした。

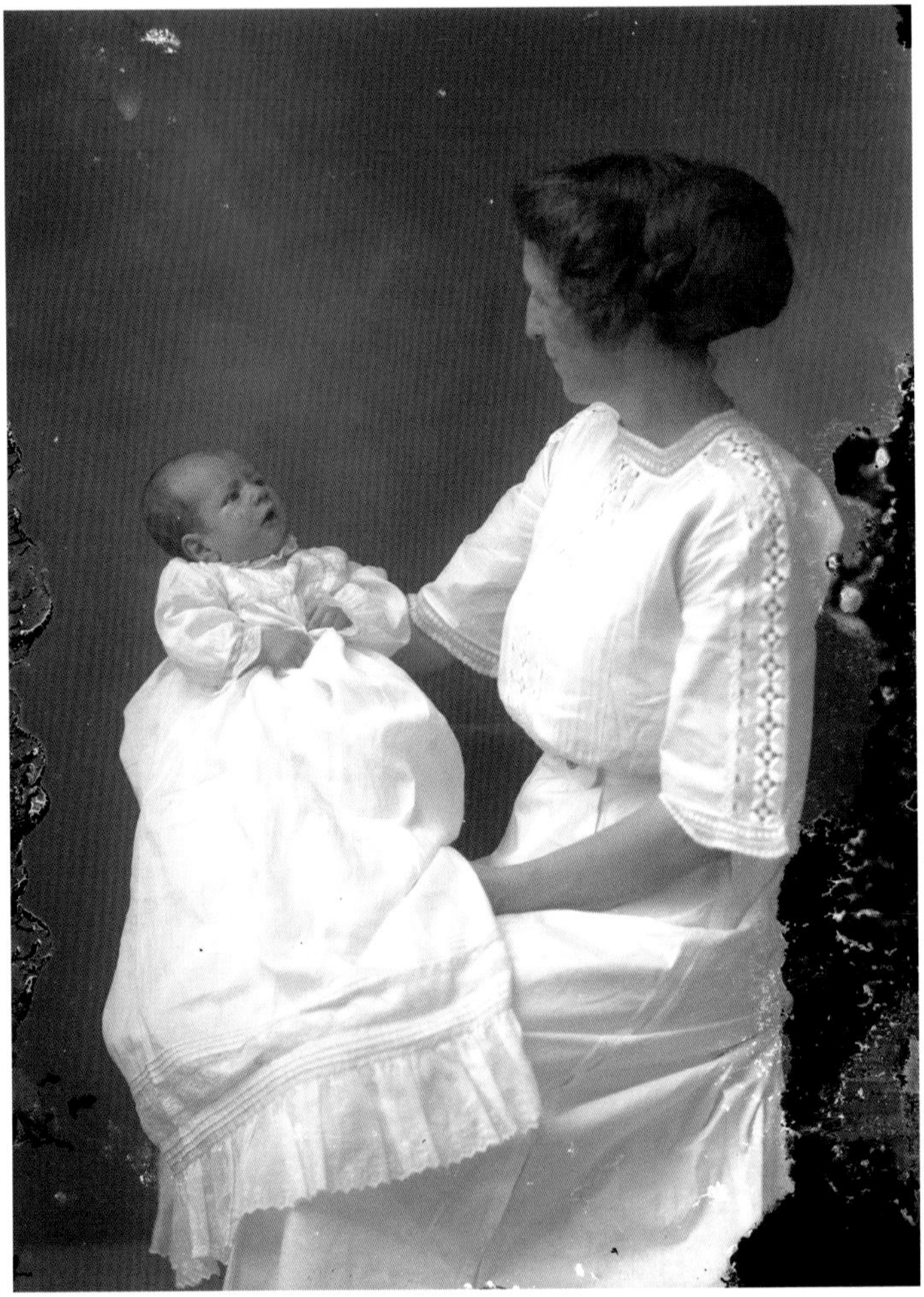

かされます。たとえば『オリバー・ツイスト』の主人公オリバーはある裕福な家庭の女性が産んだ私生児でしたが、母親が旅先で不幸のうちに亡くなると、たちまち身元不明の孤児に転落してしまいます。それを象徴的に描いたのが冒頭の引用で、生まれたばかりのオリバーは、救貧院《きゅうひんいん》のキャラコの古着を着せられてしまいます。これによりオリバーははっきりと転落者の烙印を押されてしまいました。

エクトール・マロ（一八三〇～一九〇七）の一九世紀のフランスと英国を舞台にした『家なき子』では、一着の贅沢な産着が孤児だったレミの身元を証明するものになります。

まずレース の帽子。これはかわいらしくてぜいたくなものという以外に特別なことはありません。それから、上等な平織り木綿の長そでの肌着。（中略）**それからフランネルのおむつカバー。**

（マロ『家なき子』二宮フサ訳）

長年行われてきた「スワドリング（赤ちゃんの身体をまっすぐに固定して布でぐるぐる巻きにする）」の習慣は、一九世紀初めには不健康だと論じられるようになりましたが、スワドリングの伝統は深く根ざしていました。子どもの健康のために子ども服の改革を一心に唱え続けた著述家のメリフィールド夫人（一八〇四～一八八九）は、一八五四年に「幅七・五～一〇cm、長さ一八二～二七三cmのバンドを子どもの身体に巻くこと

［右］ヨーロッパでは長い間、産まれて間もない赤ちゃんの身体を細い布できつく巻くスワドリングという習慣がありました。布は幅 7.5～10cm、長さ 182～ 273cm もあり、英国では健康に与える影響を指摘する声がしばしばありました。
［下］赤ちゃんはおへその周りをバインダーという帯状の布で巻かれ、その上にペチコートを何枚か重ね、さらにベビードレスを着せられました。19 世紀まではペチコートは下着ではなく、ワンピースの下につけるスカート部分を指すものでした。女性はスカートのシルエットを整えるために身につけましたが、赤ちゃんのペチコートは主に保温のためでした。

は悪習である」と警告しています。しかし、スワドリングの習慣は、一九世紀後半になるまで消えませんでした。

一九世紀後半の産着はどんなものだったのでしょうか。生後三～四か月の頃までは、男女とも丈の長い単純な形のペチコートを着せられていました。裾の長い衣服は赤ちゃんの足を寒さから守り、子どもをしっかり抱きかかえるのに都合よくできていました。肩から裾までの長さは、一八三〇年には一一二㎝、一八七〇年には一〇六㎝あったという調査もあります。色はだいたい白。何枚も重ね着をしているものの腕はむき出しでした。

生地は薄手の柔らかい綿か亜麻布《あまぬの》で、どの階級も生地の品質に差があってもだいたい似たような組み合わせで、それらは母親が手作りするのが当たり前でした。

赤ん坊を寝かせたまま運べる乳母車が一八七〇年に実用化されるまで、歩

［左2点］生まれて何か月かの間は長い裾のペチコートを身につけました。冬の間は足を寒さから守るのに役立ち、抱きかかえて移動するのには都合がよいものでした。
［右下］おむつ姿の赤ちゃんの珍しい写真。大きな綿の布を折ってピンで留めました。
［左下］乳母車の普及は、抱いて運ぶしかなかった赤ちゃんの移動に大きな変化をもたらしました。

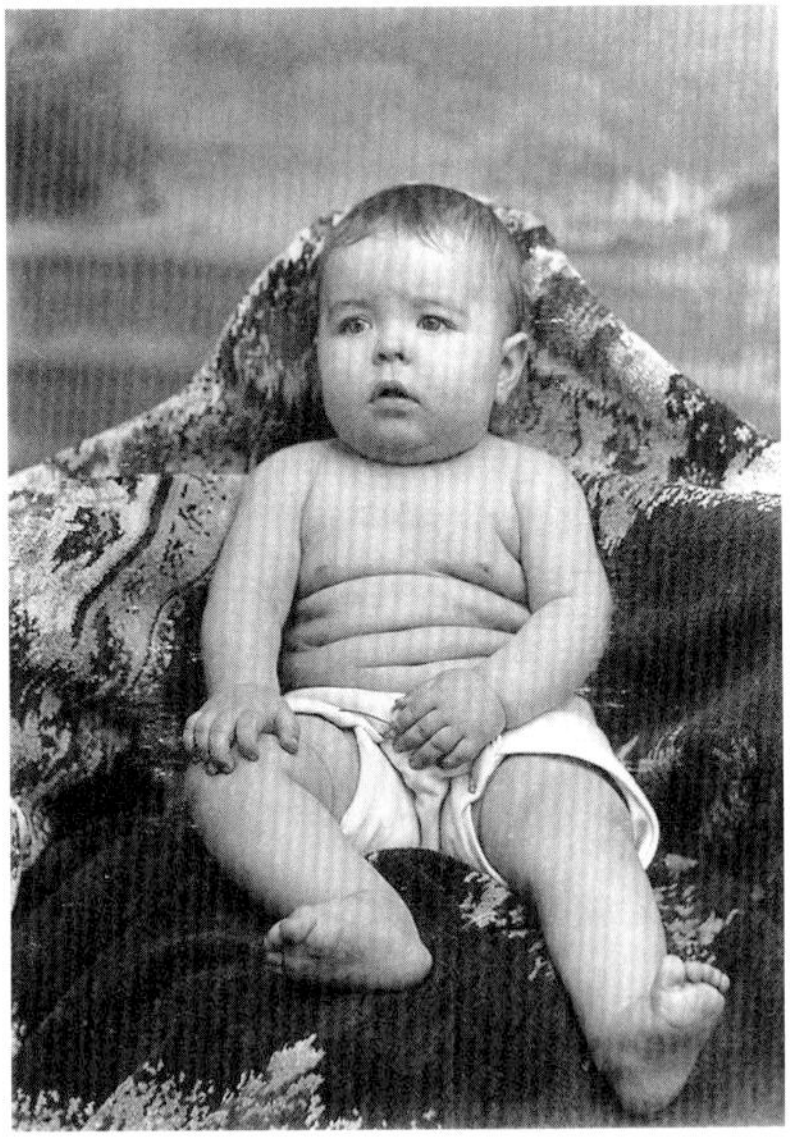

けない幼児は抱いて運ぶしかありませんでした。乳児の衣服を調査したメリフィールド夫人は、この丈の長いベビー服を「我が国のこどもたちは生まれてから何か月もの間長いペチコートの下で過ごす運命にある」と嘆き、地面を引きずるほど長い衣服は、乳母や母親がつまずいて転倒する恐れがあるし、暖炉の火に届きそうで危険であると訴えました。

一方で、かつて赤ちゃんを布でぐるぐる巻きにした反動か、赤ちゃんはな

首が据わるようになった赤ちゃんは、倒れたり、這いずり回ったりしないよう歩行器に入れられ、歩けるようになるまでの間を過ごしました。歩行器は機能的でしたが、それなりに強制具であり子どもの行動を束縛するものでした。（1876年）

るべく外気に触れさせ鍛えるべしという意見もありました。一八四〇年代には、「幼児の服は暖かく、軽く、ゆったりしていなければならない」と過度の締めつけを危惧する声もあがるなど、この時代、赤ちゃんの衣服についてはさかんに議論がなされていたのです。

おむつ《ナッピー》

そのおむつは、いつもずりおちてしまいそうに見えて、ぜったいに落ちたりしないのです。

（クリスティアナ・ブランド『マチルダばあや、ロンドンへ行く』こだまともこ訳）

ブラウンさんの家のいたずらっ子たちは、マチルダばあやの魔法の力で、ロンドンの町を走らされます。ブランドは二〇世紀の作家ですが、このお話は彼女が祖父から聞いた話をもとに書かれたお話です。やっとあんよができるようになった赤ちゃんのこの描写は印象的です。赤ちゃんのおむつが落ちそうで落ちない……きっとピンでしっかり留めてあったことでしょう。

汚れたおむつをそのままにしていると、皮膚が排泄物によって荒れ、病気にもかかりやすくなってしまうので、汚れたら交換するのは当時も同じでした。ヴィクトリア朝のおむつは布で、ダイアパーと呼ばれる菱形の織り模様の綿織物が多く使われました。この綿織物は洗濯がしやすく、タオルやナプキンなどにも使用されています。

布地は大きく取られ、およそ八四cm^2にもなりました。赤ちゃんの月齢、および性別に合わせて、一番濡《ぬ》れる面を厚くするように折り方を変えてあてがいました。英国のレンガ造りの建物などに使われる菱形の装飾は、おむつの布の織り模様のようなので「ダイアパーパターン」と言われています。おむつカバーには、ウールや、丈夫に織られた綿布、油布などが利用されました。

おむつについた排泄物は、まずおまるにまとめられ、あとで野外のトイレに捨てました。汚れたおむつは塩水の入ったバケツに浸し、水ですすぎました。その後は普通に洗濯をします。殺菌剤が使われだしたのは一九世紀も後半になってからです。

貧困家庭や母親が働きに出る労働者階級には、細やかにおむつの取り替えができない家庭も多くありました。自らの寝具や衣服さえ事欠くような家では、おむつを用意したり、洗濯したり取り替えたりする手間を省くしかなく、ゆりかごに油布を敷き、藁《わら》やぼろを敷いておむつをつけずにそのまま寝かせている場合もありました。

第2章

赤ちゃん時代（0歳～2歳）

［上］ナースは子どもの身の回りの世話だけでなく、しつけや保護者の役割など、子どもの生活のほとんどの責任を負いました。
［右］石鹼の広告のために作られたトレード・カード（業務用名刺）。広告はヴィクトリア朝に発展し、鮮やかで人目を引く色刷りの広告は、子どものコレクションになり、スクラップブッキングにも使われました。

ヴィクトリア朝の子育て

世話はナースの役割

ヴィクトリア朝の裕福な家庭では、子どもを育てるのは母親ではなく、使用人でした。親が子どもの世話をするという今では当たり前のことが、当時は使用人を雇う余裕のない家庭での話だったのです。

子どもの世話をする使用人を「ナース（乳母）」といい、乳を与えるナースを「ウェット・ナース」、子育てを担当するナースを「ドライ・ナース」と区別していました。乳母、という意味の〝ナニー〟という名前は、「ナース」の赤ちゃん言葉ともいわれ、また、ナニーという呼称が一般的になるのは二〇世紀に入ってからともいわれています。

一八世紀からすでに母乳育児がよいと推奨されていましたが、頻繁な授乳のわずらわしさを避けたい、容姿を美しく保ちたい、あるいは、早く次の子どもを産むことを求められているなど

セドリックが訪ねていった村には貧しい母子がいました。『小公子』より。

泣きやまない赤ちゃんを母親のもとに連れてきたナースでしたが……。図の母親らしい女性は他人事のように見ているだけです。赤ちゃんの世話はすべてナースの仕事でした。

の理由で、ウェット・ナースを雇う家がほとんどでした。

お金を払って雇うわけですから、当然、自分たちより下の階級からナースを雇うことになります。働かなければならない側からすると、乳母は給料がよかったため、乳母になりたいために意図的に身ごもる女性も数多くいました。望まれずに生まれた子どもは救貧院等に預けられ、そこで死亡してしまうケースも少なくなかったため、「幼児生命保護法」が一八七二年に制定されるきっかけになりました。この法律は現在も有効で、二四時間以上ほかの家庭の子どもを世話する女性は何らかの施設へ登録する義務があり、乳母自身の子どもが行方不明にならない対策となっています。

労働者階級の女性であっても、出産後は身の回りの世話をしてくれる付添婦を一週間ほど雇う必要がありました。そのための経費（五シリングほど）と付添婦の食費を捻出《ねんしゅつ》するために、女性は妊娠がわかったらすぐにお金を貯め始めました。しかしその費用を捻出するため、食事を切り詰めるほかなく、結果的に生まれた子どもの早死にもつながりました。

人工栄養

人工栄養は一八六〇年代から広く普及するようになりました。それは、乾燥粉ミルクが開発されたことと、安全な哺乳瓶《ほにゅうびん》が、安く手に入るようになったことが理由です。労働者階級の子どもは母乳で育てられていたとはいえ、母親自身が十分な栄養を摂れていないこともままありました。また、夫を支えるため外で働かなければならず、その間は年長のきょうだい、あるいは近所の人に見てもらうこともあり、そういう場合は母乳の代わりに動物の乳が与えられました。ロバやヒツジ、ヤギの乳が理想的とされましたが、手に入れるのは難しく、一般的だったのは牛乳です。しかし、牛乳も手に入らないときは小麦粉と水を混ぜたものを与えることさえあったそうです。

泣き止ませるためにジンやゴドフリーの強壮剤などのアヘンを主成分とした乳児用製品を、与えることもありました。労働者は医者にかかるお金がないので、ていのいいうたい文句が書か

セント・ジェームズ・パークの子どもたち。出店でパンやビスケットを買うのもいいけれど、一番のごちそうは、搾りたての牛乳が飲めることだという詩が添えられました。

Column

牛乳

イーディス・ネズビットの『宝さがしの子どもたち』で、子どもたちは近所で牛を飼っている人から新鮮な牛乳を分けてもらっています。子どもたちが作った家庭新聞には、牝牛への感謝の詩が載っています。その詩は「朝しょくにおいしいミルクをくれる／め牛さんありがとう／まい朝まいばん／パンといっしょにおまえのミルクをのむ」というものです。

子どもにとって牛乳は大事な栄養源となりますが、飲料としての牛乳は、牛を飼っている家が近くにあり直接買う以外には危険なものでした。一八六〇年代でも牛乳の六〇%はバターやチーズに使われ、飲料として使われる割合は少なく、飲料として飲む場合も、加熱せずには飲めませんでした――一〇%からひどいときで五〇%も水で薄めて販売され、しかもその水は汚染された井戸水や湧水だったからです。

一八七五年の食品・医薬品販売法や公衆衛生法の改正によって、品質管理が徹底され、一八七〇年代末にようやくフレッシュな牛乳を口にすることができるようになります。これは、鉄道による輸送と、冷蔵装置の開発のおかげでした。

「今では谷間を鉄道が通るようになって、牛乳はバターを作る分を少しだけ残してほとんど町へ送られるようになり」と、アリソン・アトリーの『農場にくらして』にあります。鉄道のおかげで、都会の人々も新鮮な状態でミルクを手に入れることができるようになったのです。主人公スーザンが住む農場で、搾《しぼ》った牛乳をかき混ぜて膜をすくいとったあと牛乳缶に詰め、何ガロン入っているかを書いた紙を缶ごとにつけて、馬車に乗せて牛乳屋へ運んでいくさまが詳しく描写されています。スーザンの家は農家ですから、新鮮な牛乳が飲め、それを売って暮らしを立てているのがわかります。この物語はアトリーの自伝的小説で、時代背景は一八九〇年頃です。

『子ども観の社会史』（北本正章著）には、冷蔵装置が開発されていない時期、牛乳は駅頭での「量り売り」だった、とあります。一八八五年頃からは各地に冷却プラントも設置されるようになり、雑菌やバクテリアによる腐敗防止が可能になって、鮮度の高い牛乳が大量に取り引きされるようになりました。

Column 母乳だけでは足りない!?

貧しい家庭や労働者階級に限らず、実に多くの母親が、母乳では栄養が不十分だという考えを持っていたので、生まれて間もないうちから、主にデンプンを原材料にした人工栄養食を与えていました。それらは牛乳にくず粉やラスク、ビスケットなどを加えたものが一般的でした。労働者階級で、離乳前も、後も、よく与えられたのはソップ（パン切れのことで、牛乳、スープ、葡萄酒などに浸して食べた）で、水に砂糖を加えて温めたものに浸すことが多く、時々牛乳が加えられました。

中流階級を念頭に書かれたビートン夫人の『ビートンの家政本』によると、質のよい母乳を出す努力を促す一文と同時に、母乳では完全でないとして、赤ちゃん用の人工栄養食を勧めています。

ビートン夫人は、デンプン質の食品は「はじめから赤ん坊に与えられ得るまぎれもない最良の食品」だから、新生児から与えてよいと推奨していました。

作り方は、「パンや小麦粉、粉ビスケット、ひき割り粉などをゆっくり水から煮て、全体に甘みをつけ、流れるくらいの固さにします。次に冷やしてプディングやカスタードの固さにして切ります。パン粥の鍋に一〜二さじ入れ、牛乳を加え、暖炉でゆっくりクリーム状になるまで温め、哺乳瓶に入れて飲ませます」とあります。

残念ながら、このような母乳や人工栄養に対する誤った考え方から、消化不良を起こし、衰弱していく子どもも多かったといいます。

乳から幼児食になる移行期の離乳食には、野菜の裏ごしが作られました。市販のベビーフードはまだなく、ニンジンやカブ、ジャガイモなどを裏ごしして与えました。『ヴィクトリア朝英国人の日常生活（上）』（ルース・グッドマン著）には、歯が生えてきた中流階級の乳児の献立として、炊いた米でとろみをつけたビーフ・ティーやチキン・ブロスがあり、その一、二か月後には半熟卵とやわらかめの薄味プディングが登場した、とあります。ライス・プディングからパンナコッタまで、ありとあらゆるミルク・プディングが生後九か月から一二か月の子どもにふさわしいとされました。

［上］母乳を与えている様子を詳細に描くということは当時の絵画としては珍しいことです。
［左］子ども用の椅子に座らせずに膝にのせて離乳食を与えています。与えているのはナースでしょうか。母親でしょうか。

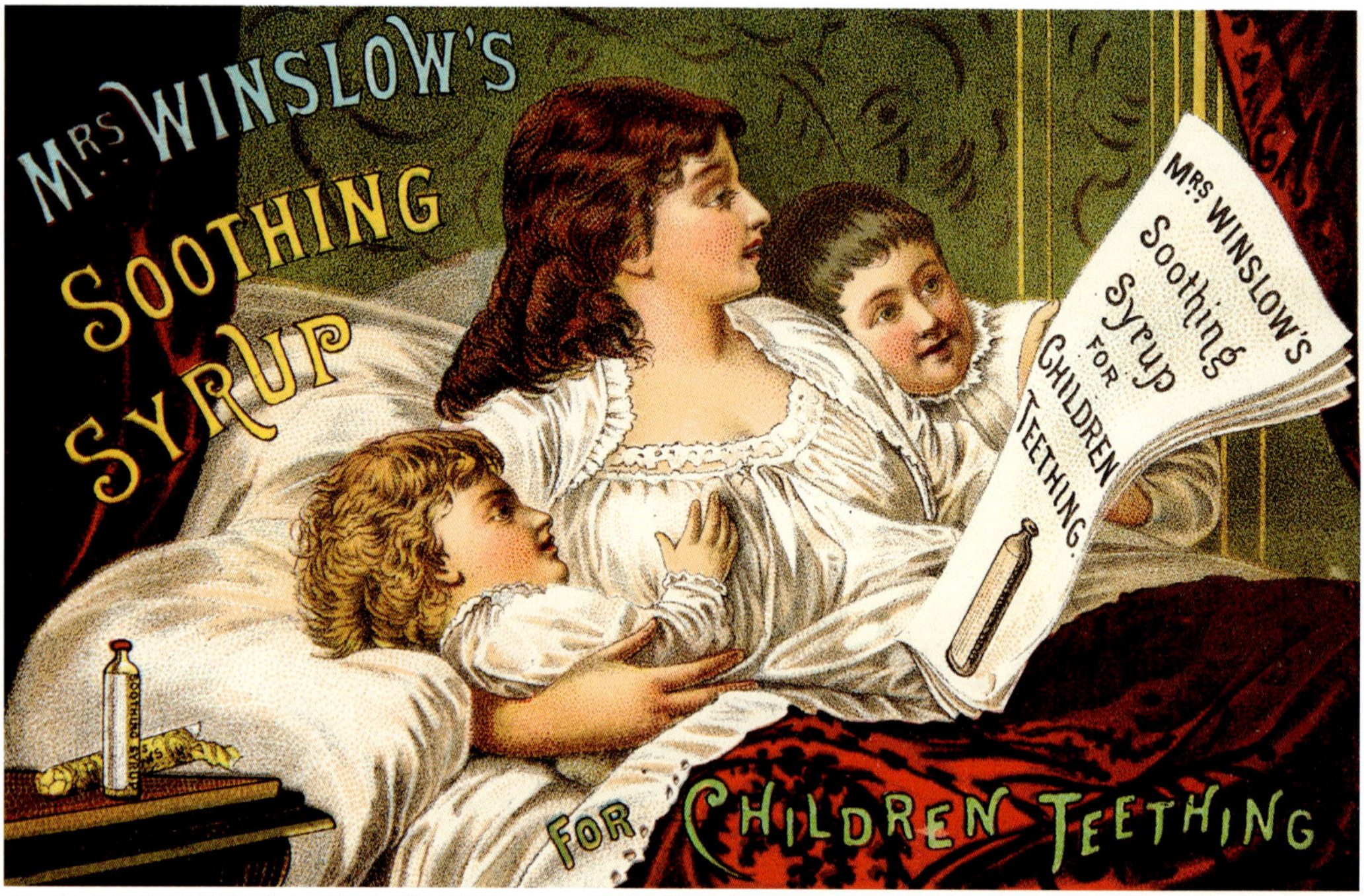

ヴィクトリア期では乳児に対して過度に薬物が使用され、乳幼児向けにアヘン入りの強壮剤まで売られていました。

Column

くる病が治ったライオン

ロンドン動物園の子どものライオンが深刻なくる病にかかって瀕死《ひんし》の状態になっていました。いろいろ策が講じられたものの改善せず、医師の助言を受け、赤身の肉のみだった食事に、骨粉、ミルク、タラ肝油を加えたところ、三か月で症状が消え、元気になります。一八八九年にその結果が発表されると、人々に驚きをもって受け入れられ、タラ肝油は万能薬として、子どもたちにも与えられるようになりました。

れた広告を信じて使っていたのです。アヘン入りの薬が害になるとは思いもせず、日常的に投与する親も数多くいました。裕福な家庭でも、こうした状況で育った労働者階級の女性をナースとして雇うことがあったので、薬物乱用の問題は、貧困層だけのことではありませんでした。アヘン入り特許薬の販売が禁止されるのは一九〇八年になってからのことです。

一方で安価な缶入りのコンデンスミルクの開発は、とくに労働者階級の子どもたちを救いました。彼らが購入できる質の悪い牛乳よりもはるかに良質で、ビタミンAとDの欠如を補い、多くの子どもがかかっていたくる病（骨が固まらず背骨や四肢に奇形を患う病気）予防になりました。

住み込みで世話するナース

子育てを担当するナースは、雇主の家に住み込み、子どもたちと生活をともにして、身の回りの世話から、食事、散歩、お風呂、しつけ、さらには衣類の洗濯や繕物、専用食器の手入れまで、子どもに関係することはほぼすべてを行っていました。上流階級になると、役割分担によって何人ものナースが雇われました。

「グリーン・ノウ」シリーズの作者ルーシー・ボストン（一八九二～一九九〇）は、幼い頃自分の世話をしてくれたナースについての印象を「命令には有無を言わせぬ厳格な人」とその思い出を綴っています。ナースはニコリともせずに、食事や身の回り一切を取り仕切り、食卓で大声ではしゃぐことは決して許してくれなかったそうです。ナースのこうした厳しさや無愛想さは「メアリー・ポピンズ」シリーズからもうかがえます。

勉強を教わるようになると子守《ナーサリー・》兼家庭教師《ガヴァネス》や女性家庭教師《ガヴァネス》、男性指導教師《チューター》が指導するようになります。

教育が不十分なばかりか、食事内容さえ違う下の階級の出のナースやガヴ

Column

ナースが主役？

ヴィクトリア朝が舞台にはなっていませんが、ナースの仕事がよくわかる、日本でも知られている二つの物語を紹介します。一つは、クリスチアナ・ブランドが書いた『ふしぎなマチルダばあや』（一九六四）です。エマ・トンプソン主演で話題になった映画『ナニー・マクフィーの魔法のステッキ』（二〇〇五）と『ナニー・マクフィーと空飛ぶ子ブタ』（二〇一〇）は、この「マチルダばあや」シリーズをもとにしたものです。

二つ目はP・L・トラヴァースの『風にのってきたメアリー・ポピンズ』（一九三四）に始まるシリーズです。ディズニーが二度にわたって実写映画化しました。

［左］『ふしぎなマチルダばあや』の原題はまさに「Nurse Matilda」です。［右］『メアリー・ポピンズ』の英語版表紙。

ァネスに子どもの世話を任せてしまうというのは、子どもへの関心が低かったといわれても仕方がないでしょう。社交が中心だった裕福な家庭の大人と、子どもの生活とはサイクルがずれていたこともあり、子どもが母親と接する時間は、一日に一時間程度が一般的だったそうです。

こうした上流階級の子育てスタイルは、ヴィクトリア朝には中流階級にも広まっており、ステイタス・シンボルの一つとして、ナースや家庭教師を雇うようになります。

イーディス・ネズビット（一八五八〜一九二四）の物語は、どれも裕福な家庭

ナースは両親よりも長い時間、子どもたちと過ごしました。子どもの散歩もナースの日課の一つです。
［上］散歩の途中、ウォータールー橋からビッグベン（現在はエリザベス・タワー）方向を見ているところでしょうか。右手にはクレオパトラの針と呼ばれるタワーも見えます。

が貧しくなったという設定で描かれ、生活が苦しくなったことが使用人がいなくなることからよくわかります。『宝さがしの子どもたち』には、召使《サーヴァント》が次々に出ていって、最後にメイドが残った、と描写されています。『鉄道きょうだい』も、メイドやコックを雇えなくなって、ナースだけは最後まで残っていましたが、そのナースもいなくなり、親戚のおばさんがやってきます。J・M・バリ（一八六〇～一九三七）の『ピーター・パンとウェンディ』では、ダーリング氏はご近所の人たちと同じようにナースを雇いたいけれどお金がないので、「ナナ（ばあや）」と言う名の犬をナース代わりにしています！

Column

赤ん坊が活躍する物語

「あんたがた奥様に毎日ぼうやを外に連れて出ますって約束したでしょう」

（ネズビット『砂の妖精』石井桃子訳）

まだしゃべることができず、面倒をみてあげなくてはならない赤ん坊は、通常は物語にかかわってこないものですが、『砂の妖精』は、物語に赤ん坊が登場する珍しいお話です。とくに、この物語では両親は家におらず、子どもたちは子守の役割もしなくてはなりません。かわりばんこにぼうやをおんぶしながら行った砂掘り場で、子どもたちは砂の妖精サミアッドに出会い、一日一回、願い事を叶えてもらえるようになります。子どもたちは手のかかる赤ん坊が早く大人になるようにと願ってしまい、赤ん坊はひげのはえた大人の男性に変身してしまいました。

また、汚い労働者だと思われないように、この子、いつも夜はお湯に入れるし、朝は冷たい水で身体をふくんですと、中流階級の誇りを持って言い訳する場面があります。

『砂の妖精』より。花のようにきれいにして、という願いは叶ったものの、ぼうやにとっては、誰かわからず泣かれてしまいました。

赤ちゃんの健康のために

入浴

例え、でこぼこした、ブリキの浴槽にせよ、澄んだ、熱い湯の中に立ってパチャパチャと湯をはねかし、石鹸《せっけん》をつかってタオルで体をこするというのは、すばらしいぜいたくだった。

（フランシス・ホジソン・バーネット『消えた王子』中村妙子訳）

一九世紀の初めには、毎日の入浴の習慣はなく、せいぜい手足くらいしか洗いませんでした。入浴には大量の水の調達や燃料、それらを運ぶ労働が必要で、多くの庶民にとって容易ではなく、たびたび入浴をするわけにはいきませんでした。

当時都会でも水道が引かれていた家は少なく、水を運ぶメイドがいなければ、自分で川や井戸から汲んでこなければなりません。ディケンズの『大いなる遺産』の主人公ピップは、「手を洗ったり入浴する際はハウスメイドの

Column

ナーサリー・ライムとマザーグース

「これ、マザー・グースの歌に出てくるのと、おんなじ子かな——そうだよ、きっとおんなじだ——ほら、『ちっちゃな青い男の子』って歌、あるでしょ?」
（ジョージ・マクドナルド『北風のうしろの国』脇明子訳）

泣く子どもを落ち着かせるために、あるいは寝かしつけるために、時には遊ぶために使われたのが「ナーサリー・ライム」です。ナーサリーは子ども部屋、ライムは韻《いん》をふんだ詩（押韻詩）。ナーサリー・ライムは英国などの英語圏で、とくに上流〜中流階級の子どもたちのなかで伝承されてきた押韻詩という意味で使われています。必ずしも曲がついているわけではありません。

ナーサリー・ライムという言葉よりも「マザーグース」という言葉のほうがなじみがあるでしょう。『図説 マザーグース』（藤野紀男著）によると、「英国生まれの伝承童謡」をさす言葉として最初に使われたのは「マザーグース」のほうで、子ども向け童話の原点ともいわれるシャルル・ペローの伝承童話集『コント・ドゥ・タン・パセ（過ぎし日の物語）』（一六九七）の英語訳版がきっかけだといいます。一七二九年に出版された英語版は、何度も増刷されるほど人気になりました。もとの本の扉絵はおばあさんが子どもたちに話をしている絵で、その後ろに〝わがお母さんガチョウの話〟というフランス語が書かれてあり、それが〝マザーグースのおはなし〟と英訳されたのです。この文句がその後、本のタイトルとして使われるようになりました。

一七八〇年に『マザーグースのメロディ』というタイトルで出版された伝承童謡集によって、英国において「マザーグース」という言葉と「伝承童謡」とがつながります。一八世紀に出た伝承童謡の集成本ではマザーグースという言葉が使われてい

"Little Boy Blue,
Come blow your horn!
The sheep's in the meadow,
The cow's in the corn.

Where is that boy
Who looks after the sheep?
He's under the haystack,
Fast asleep.

ました。
　一九世紀になって、「ナーサリー・ライムズ」と題された集成本が出版されるようになります。それらには新作童詩が含まれているもの、新作童詩だけを集めたものなどさまざまな版がありました。ケイト・グリーナウェイが一八八一年に出版した集成本のタイトルを『マザーグースあるいは古いナーサリー・ライムズ』としたのにはそういう背景事情があったとも考えられます。ですから、「マザーグース＝古い（伝承的な）ナーサリー・ライム」、「ナーサリー・ライム＝伝承童謡＋α」の可能性があると理解しておくといいでしょう。（『図説 マザーグース』）
　マザーグースの数は何百とあり、子守唄だけでなく、なぞなぞ、格言、遊び、歴史や行事を伝えるものなど、その種類もさまざまです。「キラキラ星」「ロンドン橋」など日本でもいくつかなじみがありますが、英国の子どもたちにとっては物心つく前から聞かされ、うたって遊んで身についたものなので、大人になっても忘れることはありません。
　英国の有名な児童文学作品のなかにも、引用されたり、パロディ化されたりしています。有名なのはルイス・キャロルの『鏡の国のアリス』で、トゥィードルダムとトゥィードルディー、ハンプティ・ダンプティはそのまま、マザーグースの唄の主人公です。『不思議の国のアリス』で登場するハートの女王とタルトも、マザーグースの唄がもとになっています。

人気画家ケイト・グリーナウェイのマザーグースの本（右）。
挿画を見ているだけでも楽しくなります。
下は『ねんねんころりよ』、上は『ロンドン橋落ちる』。
どちらも日本でも知られている詩です。

こちらも人気挿し絵画家ジェシー・ウィルコック・スミスによるマザーグースの絵。

世話になるしかない」と言っています。お湯を沸かすのは家計に響くので、子どもが多く、メイドを雇えない家庭は、風呂に入るのは時々か、水で我慢しました。

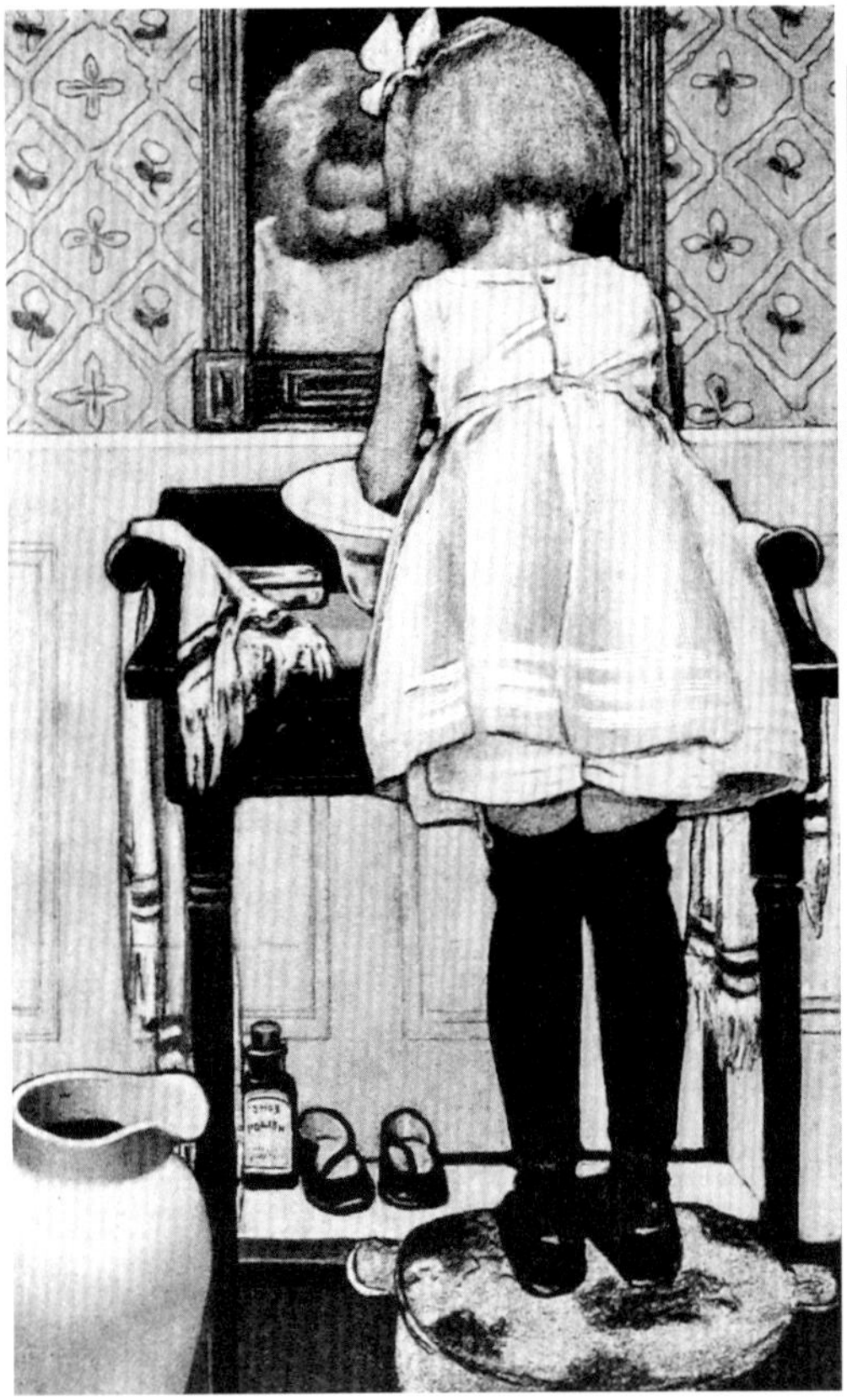

［右］寝室には必ず洗面用具が置いてありました。
［左］洗面器に水差しの水を入れて身支度を整えるのが普通でした。

　一九世紀を通じて最も一般的だった清潔を保つ方法は、水差しと洗面器だけを使う立ち洗いでした。用意するものは洗面器、汚水バケツ、浴用の布かスポンジ、石鹸、台所から持ってきた水差し一杯のお湯か水を洗面器に注ぎ、浴用布を浸して絞り、浴用布に石鹸をつけて身体をこすり、水が濁ってきたら汚水バケツに捨て、水差しから新たに水を注ぎ入れます。こうやって全身をきれいにしていきました。たいてい寝室にあり、服を着たまま品位を保って身体をきれいにできました。

　赤ちゃんの入浴は特別視されていました。裕福な家庭でも貧しい家庭でも、できるだけお湯を使って入浴するのをよしとしていました。湯の量は少なくてもよく、おむつかぶれを防ぐためにも全身を洗うことは必要でした。成長すれば湯の温度は低くなってもよいですが、子どもの肌の健康のためには毎日入浴することが大切といわれていました。

　入浴といっても、お風呂場がある家は限られていました。フィリッパ・ピアス（一九二〇〜二〇〇六）の『トムは真夜中の庭で』では、二〇世紀からヴィクトリア朝にタイムスリップしたトムが、お風呂場はどこにあるの、とハティに尋ねる場面があるのですがハティの答えは的を射ません。どこでお湯を浴びるのかと問われて、もちろん、この寝室よと答えます。どうやって？　とまた問われると、ブリキ製のたらいがあって、メイドのスーザンが台所からお湯を運んでくるのだと答えます。一八四〇年代頃にはお湯のパイプを屋内に通す裕福な家が出始めており、一八七〇年代頃には中流階級でもお湯が出る浴室を持つ家が出てきていましたが、まだまだ入浴は贅沢なものでした。

専用の浴室がない家庭は、ハティのいうように、たらいにお湯をためて身体をふくのが普通でした。ネズビットの『魔よけ物語』で、子どもたちは砂の妖精サミアッドをどこに隠したらよいのか悩み、砂を買ってきて砂とサミアッドを丸いたらいのなかに入れ、ベッドの下に押し込みました。アリソン・アトリー（一八八四〜一九七六）の『時の旅人』でも、ティッシーおばさんが今夜は熱い湯で行水《ぎょうずい》がしたいだろうと、バケツに熱いお湯を入れて子どもたちそれぞれの部屋まで運んでくれます。部屋には楕円形の浅いたらいがあり、そのなかにすわって行水をする、と描写されています。『魔よけ物語』も『時の旅人』も、二〇世紀が舞台ですが、浴室がなく、たらいで入浴している家がまだまだあったことがうかがえます。

台所の隅に、メッキを施した鉄製の浴槽を置いている家もあり、これは水やお湯を運ぶ労働を省くためでした。しかし、そこで入浴をするのはたしなみが不要な男性と子どもだけでした。

やがて衛生観念の変化や、国民的な健康への関心の高まりによって、人々の意識は変わっていきました。一八七〇年代に入ると、女性の入浴も積極的に行われるようになり、薬用としても使われました。少女の神経が弱かったり、循環が悪かったりするときは、鉄

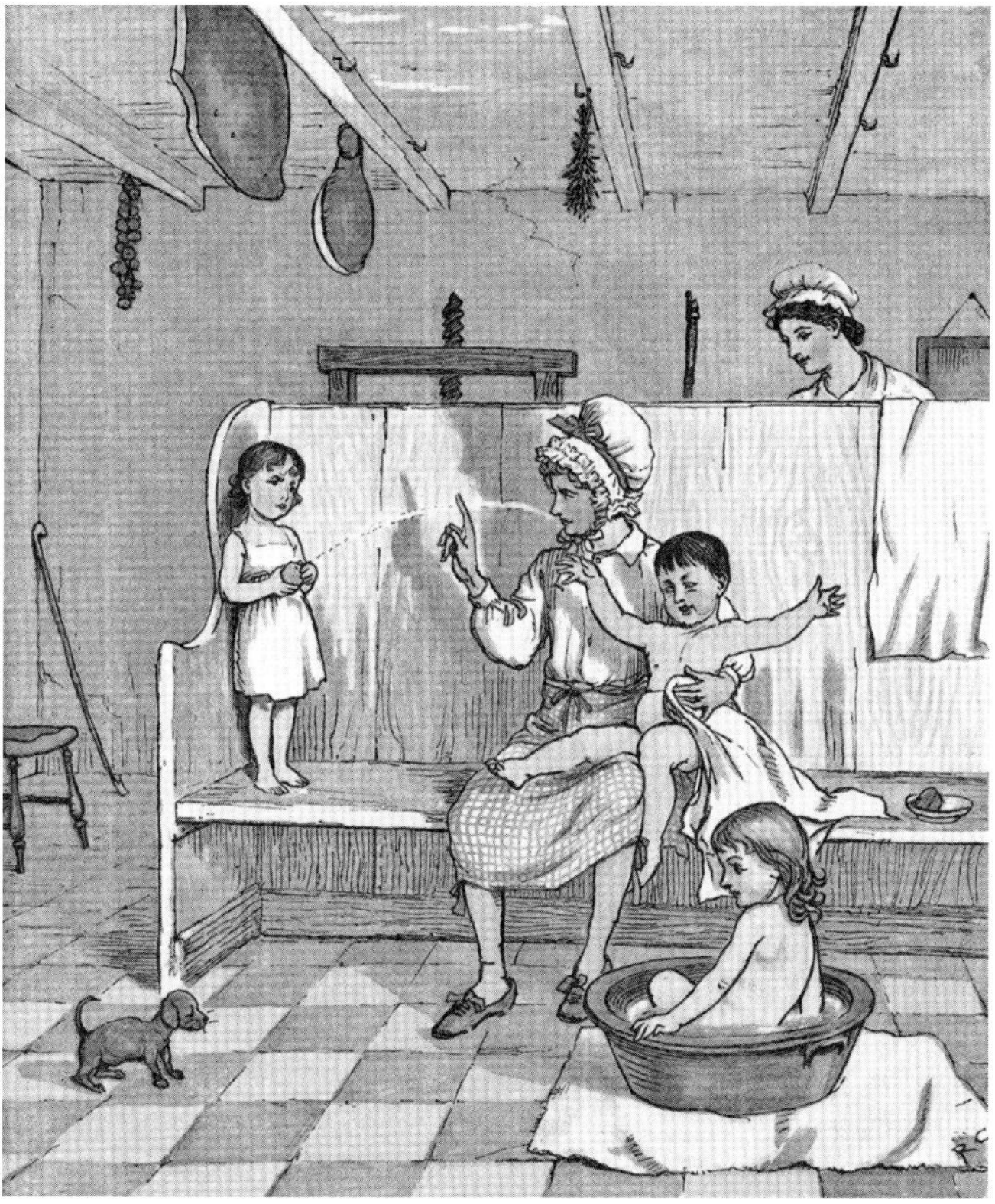

［上］この絵のような専用の浴室と大きなバスタブを持つ家庭は限られていました。
［下］ナースに入浴の世話をしてもらう子どもたち。
このようにたらいにお湯を張って行水するのが普通でした。いたずらばかりの子どもたちにナースも手を焼いているようです。

の塊を前日から風呂に浸して入浴する「アイアンバス」が有効だとされました。

一八六九年のエチケット教本によると、「娘は毎日入浴したほうがよい、とくに夏は一日二回入浴したほうがよい」とあり、裕福な家庭の娘は毎日入浴していたそうです。

一八八〇年代にはガス湯沸かし器が発明され、温水浴ができるようになりました。浴室が独立することで、他人の目を気にしないで入浴し、身体の開放感を得られるようにもなりました。

しかし、社会の底辺を生きる子どもたちには、入浴は縁がありませんでした。チャールズ・キングズリー（一八一九〜一八七五）の『水の子どもたち』のトムは、これまで一度も身体を洗ったことがなかった、と描写されています。トムのような煙突掃除の子どもは、身体を洗うのは二、三か月に一度、あるいは半年に一度で、ごく少数の例外を除いて、体を洗う機会などめったにありませんでした。入浴習慣のなかった彼らにとって風呂に入れられるのは体罰同然で、何より嫌なことだったそうです。

［上］母親に連れられて歯科医のところに来た少女は、まだ何をされるかよくわかっていない様子です。微笑みかける医者のうしろ手には、歯を抜く道具が握られています。
［下］いつの時代にもむし歯の痛みは辛いもの。ひたすら冷やして痛みを我慢するか歯を抜くかしかありませんでした。

歯の手入れ

なんだって平気でしてやるぞ。頭なんか、とかさないで寝てやれ、歯なんてみがくもんか——そうさ、おいのりだってするもんか。

（P・L・トラヴァース『風にのってきたメアリー・ポピンズ』林容吉訳）


歯磨きの習慣は、ようやく一九世紀にできたものでした。歯ブラシはほぼ現在の形になっていましたが、歯磨き粉はなく、水だけで行われていました。やがて歯磨き用の研磨《けんま》剤《ざい》として、食塩やイカの粉末や白亜の岩石の粉末、ときには煤《すす》が使われ、なかには安全性を疑うようなものまで登場しました。練り歯磨きが発売されたのは一九世紀後半で、それまではほぼ自家製でした。

ルーシー・ボストンの『意地っぱりのおばかさん』には、「姉のメアリーは出っ歯だというので歯を真ん中で切って金冠をかぶせたためほほえみが台無し。どんなにか泣いたことか。ルーシーは虫歯予防のために別の歯医者に行ったが、いつはてるともしれない苦痛で涙がほほを伝った」とあります。当時は歯科医といえば外科医と同じで、治療といっても原始的な道具と鎮痛剤なしで行うものでした。健康な歯を抜かれるなどの誤診はよくあることだったようで、子どもでなくても拷問の場でした。

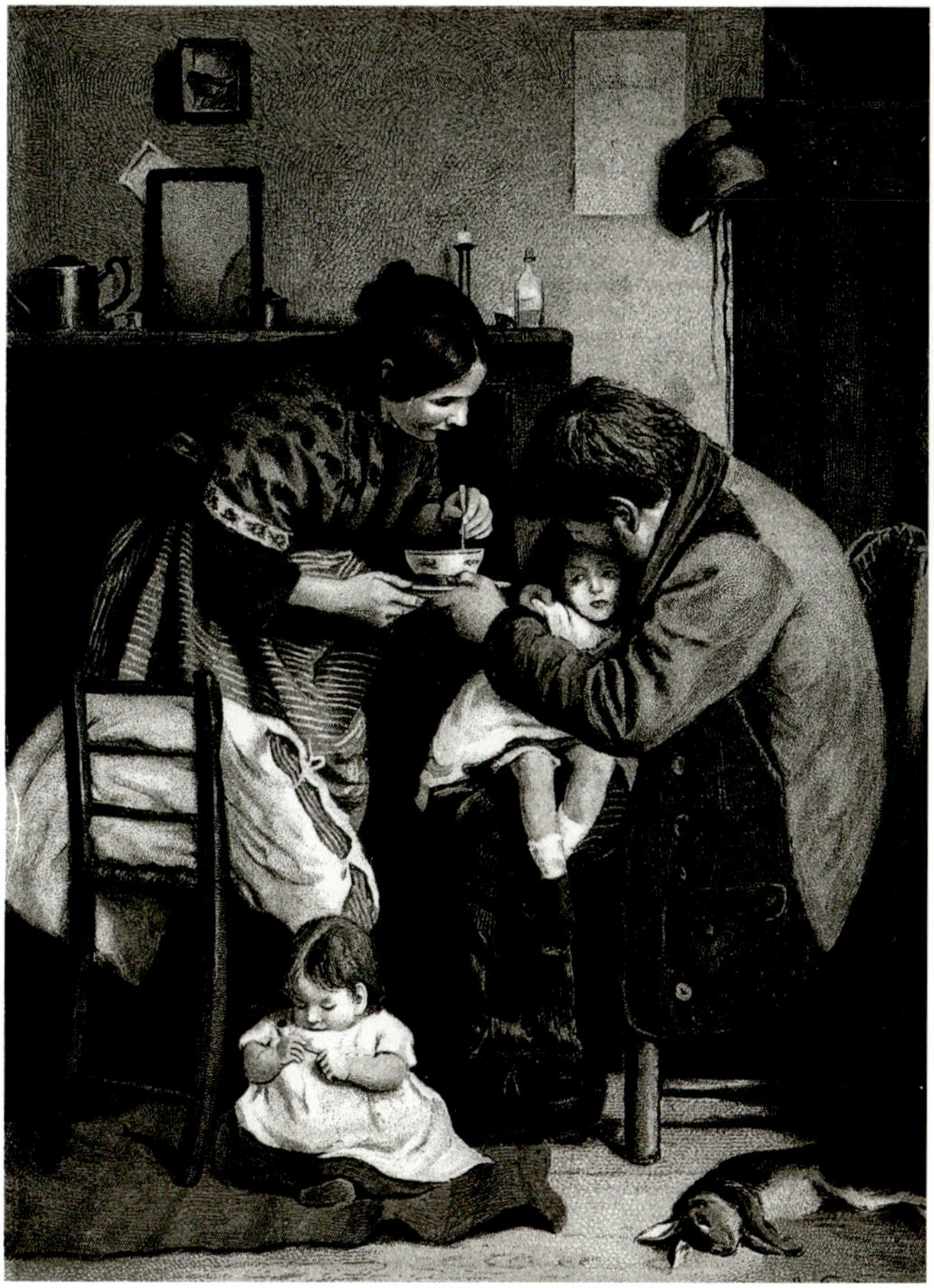

［右］鎮痛シロップなどが多く流通しましたが、身体の害にしかならないものも多く出回っていました。
［左］病気になった子どもに何とか食事を与えようとしています。タンスの上には薬が見えます。

病気

「瘴気《しょうき》ってやつは、どんな病気をひき起こすんですか？」「教えてやろう。はしかに猩紅熱《しょうこうねつ》、天然痘《てんねんとう》がそうだ」

（デボラ・ホプキンソン『ブロード街の12日間』千葉茂樹訳）

『ブロード街の12日間』は、ロンドンの一八五四年のコレラ大発生を背景にした物語ですが、当時はコレラの原因はわかっておらず、悪い空気（瘴気）のせいだと信じられていました。実際、産業革命まっただなかの都市部は、ありとあらゆる悪臭に満ちていました。病気は皮膚の毛穴から身体に入ってくると思われており、水は毛穴を開かせるとして、できるだけ触れないほうがよいとされました。ですから人々はできるだけ皮膚を服で覆い、水や空気にさらさないようにしていたのです。

病気はいつの時代も体力のない子どもの命を真っ先に脅《おびや》かします。当時はさして衛生観念がなく、医療や薬も限定的でした。伝染病や事故による子どもの死亡率も高く、平均寿命は一八三八年で四〇歳前後、都市のスラムでは一九歳ともいわれており、多くの子どもが成人する前に亡くなっていました。

シャーロット・ブロンテ（一八一六〜一八五五）の『ジェーン・エア』で、ジェーンの親友ヘレンの命を奪ったのが肺結核でした。ローウッド慈善学校の寒く不衛生な環境と栄養不足が、病気を引き起こしたのです。作者のブロンテは、幼い頃姉を二人結核で亡くしていました。英国では産業革命の陰で、都市部の貧しい人を中心に肺結核が猛威をふるい、一九世紀を通じて多くの命が奪われました。ディケンズの『荒涼館』のジョー少年も「息を吸い込んだら、荷馬車を引いているみたいにきつい」と訴え、苦しみながら息を引き取りました。

孤児と救貧院

「パパが、おなくなりになったんだわ！」とたえず心のなかでささやいた。

（バーネット『小公女』川端康成・野上彰訳）

英国児童文学には多くの孤児が登場します。『秘密の花園』のメアリー、『小公女』のセーラ、『オリバー・ツイスト』のオリバー、『ジェーン・エア』のジェーン、『水の子どもたち』のトム……。あのピーターラビットも片親でした。

ヴィクトリア朝ではロマン主義文学が好まれたので、かわいそうな境遇の孤児の物語が多く出版されました。実際、孤児は珍しい存在ではなかったのです。ヴィクトリア女王を頂点に、当時は階級にかかわらず子だくさんでしたが、医学や衛生、栄養状態は十分でなく、出産時に母親が亡くなる危険は、現在よりもずっと大きかったのです（一三頁参照）。

また、貧困や劣悪な環境、そして戦争で、父親までも失うこともまれではありませんでした。

一九世紀半ばの労働者階級の暮らす地域では、実に八％の子どもが一五歳までに両親を亡くし、およそ三分の一の子どもが片親を亡くしていたそうです。引き取って面倒をみてくれる親戚などがいればよいほうで、養育者を亡くした貧しい家庭の子どもが行くところは、救貧院《きゅうひんいん》しかありませんでした。

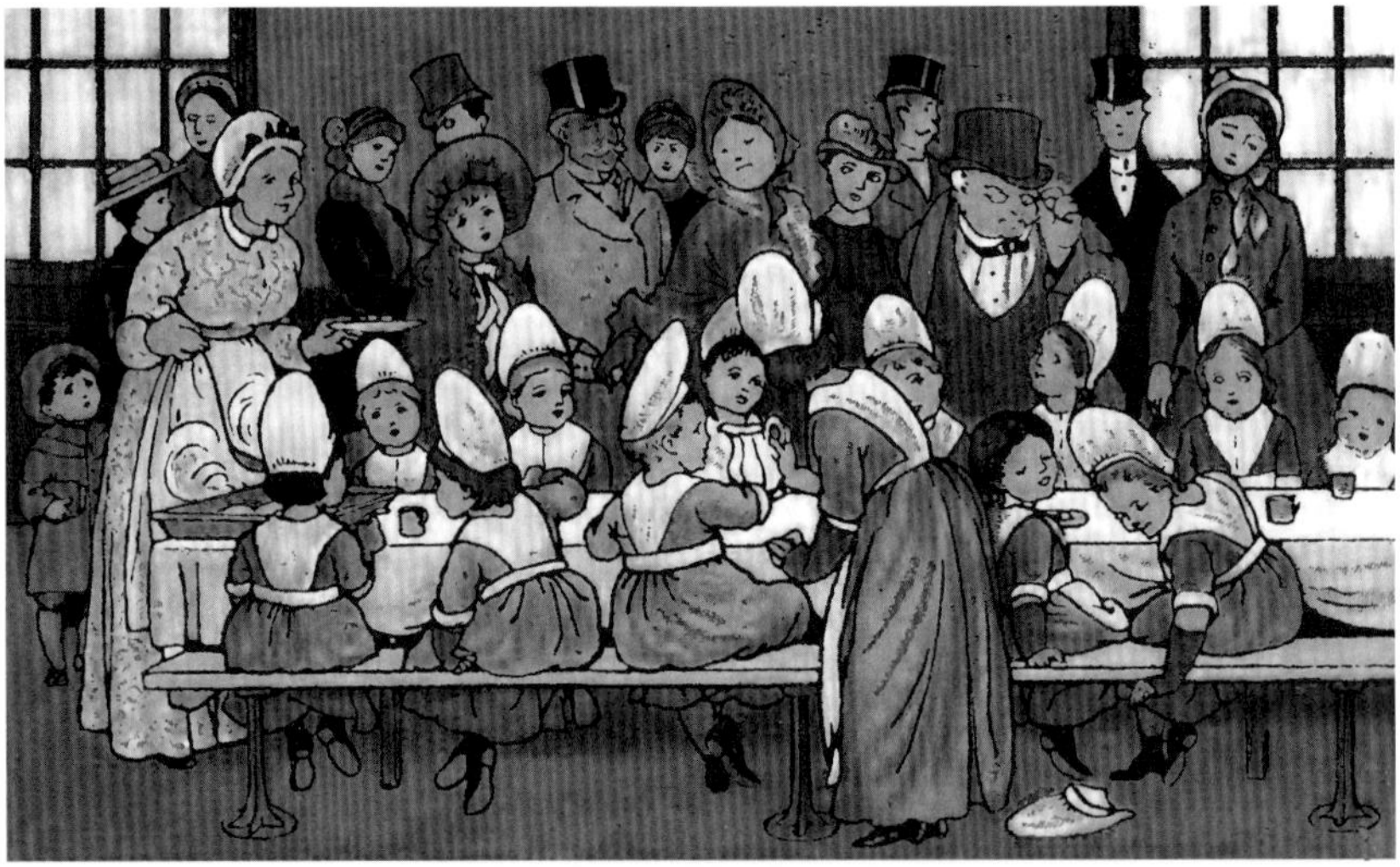

孤児院や救貧院では、ひと目で施設の子どもだとわかる流行遅れのデザインの服を着せられていました。図のような揃いの制服を着用させることもありました。

・The Orphans・

あらゆる貧民は、救貧院にはいって、すこしずつ餓死《がし》させられるか、それとも救貧院にはいらないで、たちまち餓死させられるか――。

（チャールズ・ディケンズ『オリバー・ツイスト』中村能三訳）

養育者を失った孤児が、最後に身を寄せられる場所が救貧院でした。救貧院は、元々貧しい人のための救済の場として英国で発達した制度でした。親を失った子どもだけでなく、貧困のため生活できなくなった大人も受け入れていましたが、救貧院での暮らしが楽だと安易な入所者が増えるということで、生活水準はぎりぎりまで低く設定されました。

家族は男女と子どもで分けられ、乳児ですら母親から引き離されました。食事は劣悪で、最低限の栄養すら得られないような量しか与えられず、彼らは常に飢えと隣り合わせでした。あまりの悲惨な状況に、救貧院に行くのは地獄の門をくぐるのと同じだと恐れられました。

救貧院は市民の税金（救貧税）でまかなわれていました。救貧税は家賃に対していくらと設定され、支払いから逃れられません。ディケンズの『クリスマス・キャロル』の主人公でけちんぼうのスクルージも、「私は牢屋や救貧院のために税金を出しています。――その税金だって相当なものになってますよ。暮らせない奴らはそっちへ行けばいいですよ」と、文句を言いつつ払っていました。市民にとって救貧税の負担はとても大きかったので、救貧院が惨めに暮らすべき場とされたのは、こうした市民感情への配慮もあったのです。

［右］この時代、孤児になることはそう珍しいことではありませんでした。
［左］孤児オリバーが、波瀾万丈（はらんばんじょう）の末に幸せをつかむ物語『オリバー・ツイスト』。多くの人々の胸を打ちました。

気づいたらもう20時になるところです。急いで子ども部屋にあがっておねんねしましょう。

子ども部屋

「さ、ねる時間ですよ」、ナニーが／ぼくをつれにきた。ぼくは、海をわたって、家のベッドに／ねに行くんだけど、なつかしいお話の世界を／ふりかえりふりかえり、手をひかれていく。

（ロバート・ルイス・スティーヴンソン『子どもの詩の園』ないとうりえこ訳）

子ども部屋《ナーサリー》は、家のなかの完全に独立した空間で、子どもはそこで寝起きをし、遊び、一日を過ごしました。イーディス・ネズビットの『鉄道きょうだい』には、子ども部屋にはいろいろなおもちゃがあり、壁にはマザーグースのさまざまな場面を描いた、見るから楽しそうな壁紙がはってあったと描写されています。「グリーン・ノウ」シリーズの作者ルーシー・ボストンは、「子ども部屋は非常に広く、ご多分に漏れず古い揺り木馬が置かれていた」と自身の思い出を語っています。

フィリッパ・ピアスの『トムは真夜中の庭で』で、トムは自分のあてがわれた部屋に、昔子ども部屋の窓についていた転落防止の二本の横木がそのままになっているのを見て、赤ちゃん扱いされたと不機嫌になりました。

　子ども部屋は通常、建物の上階に設けられ、客間や応接室などの公共エリアや、夫婦の寝室などとは離れた場所にありました。裕福な人々が社交界シーズンを過ごすロンドンの邸宅《タウン・ハウス》でも、子どもや育児のスペースは上層階に設けられました。ロンドンの住宅の典型だったテラスハウスの構造が、子どもと母親をより隔てる原因でした。横幅が狭くて奥に長く、四階建てが普通だったテラスハウスは、食堂が一階で、

『ピーター・パンとウェンディ』の挿画。ピーターは子ども部屋からウェンディたちをネバーランドへ連れ去ります。別部屋の両親はそれに気づくのが遅れてしまいました。

寒い子ども部屋にストーブを入れませんか、と言っているかのような、ストーブの宣伝カード。

子ども部屋が設けられたのはごく近年のことで、近代までは子ども部屋という概念もありませんでした。裕福な家庭の子どもたちはきょうだい以外と遊ぶ機会はありませんでした。フランシス・ホジソン・バーネットも、ビアトリクス・ポターも、近所の子どもと遊ぶことを禁じられていました。

おばあさまが訪ねてきたのでしょうか。列をつくり、1人ずつ面会しています。
両親と会うことができる「子どもの時間」もこのような感じだったのでしょう。

子どもたちはいつもよい子にしているとは限りません。

子ども部屋は四階にあるのが普通でした。寝室と、昼間のほとんどを過ごす部屋、そして勉強部屋があり、社交界に出るまでそこで過ごします。「勉強部屋にいる」という表現は、まだ若いので社交界にデビューしていないという表現になりました。子どもたちの面倒をみる乳母《ナース》やガヴァネスの部屋は、子ども部屋と同室か、すぐ近くに設けられました。

子どもが楽しく、事故なく過ごせるよう工夫された子ども部屋で、絶対的な権力を持つナースと一日のほとんどを過ごし、食事もナースと一緒に子ども部屋で摂っていました。最終的な権限は子どもたちの両親にあっても、子どものしつけや生活については、すべてナースが取り仕切っていたのです。

また、当時は子ども部屋に限らず、ヴィクトリア朝の全期間を通して寝室には暖房器具が置かれていなかったため、冬は外気温とほとんど変わらない寒さでした。暖かい空気が身体に悪いとされたためで、寝起きの際は、とくに寒い思いをしました。

子どもたちの一日

『図説　英国貴族の令嬢』（村上リコ著）

女の子の場合、身だしなみを整えるのに時間がかかりました。じっと座っているのは苦痛だったでしょうが、これも淑女としてのレッスンの一つです。

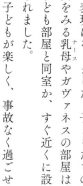

公園は子どもたちの散歩の定番でした。公園には出店や、紙芝居などの出し物もあって、子どもたちの楽しみの一つでした。

寝る時間ですよと、ナースに言われ、ふてくされるお嬢さま。
ナースは１日の時間割をきっちりと守ります。

寝る前のお祈りは欠かせません。

には、一八八〇年代の、一般的な大邸宅の子どもたちの、規則正しい時間割がこうあります。

午前七時…起床
八時…朝食
　散歩
午後一時または二時…昼餐
　散歩
四時または五時…お茶
その後の一時間…子どもの時間
六時または七時…就寝

子どもの時間とは、子どもたちが両親と過ごす時間で、ほんの一時間しかありません。必ずこの時間ではなく、両親が決めた時間に合わせ、子どもたちは着飾って、応接間へ〝降りて〟いくのです。「子どもは見られるべきもので、声を聞かれてはいけない」ということわざは、当時の子育てをよく物語っており、アリソン・アトリーの『農場にくらして』にもそのことわざが引用されています。

日曜のお茶や昼食のときだけ大人たちのテーブルに加わることを許されたり、訪問中の来客と両親が子ども部屋のお茶の時間に加わるなど、成長にあわせて変化していきました。

場面に応じて一日に何度も服を替えることは、大人同様、子どもの習慣でもありました。朝、寝間着から普段着に。午前と午後の散歩の時間には帽子や手袋や上着を身につける。お茶の時間や「子どもの時間」には髪をとかされ正装します。夜、また寝間着に着替えて就寝です。

子どもたちの服

子ども服の誕生

子ども服という概念の歴史は意外に浅く、長い間、子どもは大人の着ている服をそのまま小さくしただけのデザインのものを着用していました。子どもは身体が小さいので、ある程度の配慮が必要であるという考えはあったものの、それは、幼いうちから身体を矯《きょう》正《せい》し、「子どもはこうあるべし」という強制のための「配慮」であって、身体を自由に動かすことや着心地などは少しも考慮されていませんでした。

一九世紀においても、乳児の身体にスワドリングバンドをきつく巻くことや、よい姿勢にするためのコルセットなどが子どもを支配していましたが、徐々に子どもの身体や成長に合わせた専用のデザインを、という考えが広がっていきます。また科学的な観点からも、子ども服は子どもの自由な動きを妨げない、実用的で快適なものであるべきということが提唱され、ヴィクトリア朝下では子ども用の服がたくさん生まれました。

ただし、子ども服は子どもが自由に着たい服を選べるものではなく、あくまでその子どもの所属している家庭の階級や社会的立場を逸脱しない範囲で、親が着せたいものを与えるということには変わりがありませんでした。

外見のよさを重要視

写真や鏡が普及すると、視覚的な容姿がかつて以上に重要視されるようになっていきました。外見の美しさは、道徳的なモラルとは別の価値があるとされていたのです。シャーロット・ブ

1845 年の鏡税の撤廃によって鏡が急速に普及しました。それまで小さな手鏡で顔を見る程度だったものが全身を見られるようになったのです。同時に、入浴の習慣が広まったこともあわせて、人々は日常的に自分の姿を直視するようになりました。それがいっそう外見を重要視する風潮に結びつきました。

ロンテの『ジェーン・エア』の主人公ジェーンは、幼少時から醜《みにく》いと周囲から冷たくあしらわれますが、「醜いのは性根が曲がっているから」と、自分を卑下《ひげ》します。

　フランシス・ホジソン・バーネットの『小公子』では主人公セドリックが、その見た目の美しさゆえ運命がプラスに転じ、逆に、『小公女』のセーラや『秘密の花園』のメアリーは、その個性的な外見が運命にマイナスに作用したと当人たちに受け止められており、容姿のもたらす影響が対照的に描かれています。

　ヴィクトリア朝では、演劇、本、写真などのメディアの普及にともない、服装も視覚的な印象がとくに重要視されるようになります。後述するケイト・グリーナウェイ（一八四六〜一九〇一）の絵本に出てくる古典的なファッションや『小公子』のフォントルロイ・スーツ、セーラースタイルなど、子ども服の流行にメディアが大きな影響を与えました。

重ね着

子どもは、大人と同様、何枚もの服を重ねていました。スカートの下にはペチコートを何枚も着用しました。家屋の暖房設備が十分でなく、室内と外気温の差はあまりなかったので、服は保温と体温調整を兼ねていました。また不十分な水道事情に加え、石鹸が高価で頻繁に洗濯ができなかったので、汚れたところだけを洗え、着脱によって温度を調整できる重ね着が都合よかったのです。

　やがて暖房の整備が進み、外と室温の違いが大きくなると、重ね着だけではなく、外出時にはコートを着ることで体温調整をするようになります。コートはもともと男性の衣装でしたが、一八七〇年代には、女性や子ども用として着用されるようになりました。そ

［上］ノーフォークスーツ姿の少年とコートを手に持つ少年。ステッキを手にした姿はまるで紳士のようです。
［下］コートは最初男性用の衣装でした。室内の暖かさが保たれ、外気温との差が大きくなったことで女性や子どもも外出時にコートを身につけるようになりました。

［左］1874年の雑誌に掲載された2歳〜15歳の子ども服の広告。格子柄はタータンです。
［下］幼い男の子に女の子の服装をさせるのは魔除けの意味もありました。レースが多いほど裕福であることの証だったそうです。

のため、見た目で男の子と女の子の区別がつかなくなったと嘆く司祭の話があります。

男の子の服

『トムは真夜中の庭で』は、二〇世紀に生きる主人公トムがヴィクトリア朝にタイムスリップするお話です。トムは自分がいつの時代に迷い込んだのかをつきとめるため衣服の歴史を調べ、男の子がズボンをはくようになったのはヴィクトリア朝初期になってからだということがわかりました。

ズボンをはくようになる前、幼い男の子はみな、女の子と同じようなドレスを着せられていました。ドレスを着ていたのはおよそ六〜八歳以下の男の子で、男女問わずレースやフリルがたくさんついた重いサテンやベルベットのドレスに、下にはパンタルーン（一九世紀初期から中頃までスカートの下に履いた白く長いズボン）をつけました。男の子がドレスから卒業しズボンをはくようになるのを、ブリーチングといい、幼児期を脱したことを意味しました。

ネズビットの『宝さがしの子どもたち』に、洋服にはいったい何個ボタンがついているか知っていますか、かぞえてみたら袖口の小さい飾りボタンも入れると二十四個もあった、とあるように、当時の服はボタンが多く、着るのに手間がかかったことと、複雑な構造であったため、着脱にはある程度の器用さが求められました。

フォントルロイ・スーツ

伯爵の目に入ったのは、襟にレースのついている黒いビロードの服を着た、いかにも子供らしい上品な姿だった。ハンサムな凛々《りり》しい顔の周りには巻き毛が波打ち、無邪気な、親しみのこもったまなざしで伯爵と目を見合わせた。

（フランシス・ホジソン・バーネット『小公子』吉野壮兒訳）

一八八〇年代に入って幼い男の子がパーティやイブニングに着る服として、ベルベット生地のチュニックに、ニッカーボッカー、ウエストにサッシュを巻くスタイルが登場しました。

『小公子』のセドリックが着たことで大人気となったフォントルロイ・スーツ。襟は古典的なヴァンダイク・カラー（17 世紀の画家ヴァン・ダイクが英国の上流階級を描いた肖像画の華美な襟にちなんだ幅広で大きめな襟）で、白のカフスにはレースや刺繍が施されたものが着用されました。

この服装が爆発的に人気になったのは、一八八六年に出版され、大人気となった小説『小公子』がきっかけです。主人公セドリックが初めて伯爵に会う際に着ていたのがこの洋服で、作者のバーネットは、二男のヴィヴィアンにサッシュを巻いたベルベットの服を着せ、その写真をもとに挿し絵が描かれました。挿画のセドリックのファッションは母親を中心に大変な人気を呼び、「フォントルロイ・スーツ」として熱狂的に迎え入れられました。フォントルロイとは、セドリックの正式名です。

当時少年がレースやフリルのついた服を着ることは珍しくなかったのですが、母親の趣味を押しつけられることや、『小公子』の舞台では女性の俳優がセドリックを演じていたことから、フォントルロイ・スーツには終始女々しい印象がつきまとい、少年たちにはあまり評判はよくなかったようです。

セーラー服

男の子は、白い水兵服に、まあるい白い水兵帽をかぶり、黒い絹のスカーフをして、よびこ笛をくびからさげて

イートン校の制服として始まった丈の短めで下襟が広いジャケットは、「イートン・ジャケット」と呼ばれ、男の子の正装として 20 世紀まで流行しました。

いたものです。

（クリスチアナ・ブランド『ふしぎなマチルダばあや』矢川澄子訳）

セーラー服はもともと英国海軍の制服で、一八三〇年頃から若い水兵が着用していました。一八四六年に描かれたエドワード王子のセーラー服姿の肖像画がきっかけとなって、一気に子ども服として広まりました。母親のヴィクトリア女王が、海軍の制服、セーラー服を気に入って着せたのです。王室が愛用しているものは真似され、流行しました。

王子の肖像画は、当時の英国海軍の制服を正確に再現したもので、白のシャツと幅広のズボンの上下にネッカチーフ、セーラーハットが描かれていますが、子ども服として着用されるようになると、さまざまなバリエーションが生まれました。

はじめは男の子の服としてスタートしましたが、すぐに女の子用のセーラー服が作られ、制服や体操服、水着にもデザインが採用されました。このセーラー服の登場は、男女差および階級差を超えた子どものファッションとして、画期的なものでした。

セーラー服の流行が廃れなかったのは、海軍王国である英国らしさと強さを感じさせ、英国人のプライドをくすぐるデザインだったこともありますが、水兵のように陽気でかっこよく、着心地もよく自由に手足が動かせることに加えて、散歩からフォーマルまで、あらゆる場面に着用できる万能さもあったからです。

［上］セーラー服はもともと英国海軍の水兵の服で、海の覇権と、拡大する帝国を象徴するデザインとして、王室から庶民にいたるまで、熱狂的に歓迎されました。親だけでなく男の子も女の子にも大変好まれ、日常服として定着しました。

［右］1908年に出版されたネズビットの『アーデン城の宝物』でも、男の子のエドレッドと女の子のエルフリダのきょうだいがセーラー服を着ています。

女の子の服

英国の子ども服は大人の服と同様に長くフランスの影響を受けていました。一九世紀初めのフランスとの戦争の間は、簡素で着心地のよい子ども本位のデザインが一時的なブームを呼びました。しかしフランスとの和平が成立すると、再びフランス発の豪華なファッションが、とくに女の子の服の主流になりました。

このようなデザインは、着用する子ども自身の着心地や身体の動かしやすさではなく、あくまで親のステイタスを体現するものであり、服によってははっきり階級を表しました。女の子は小さいうちからきついコルセットでウエストを締め上げられ、何枚ものペチコートの上には念入りに装飾された重いドレスを身につけさせられました。女の子のドレスの不健康さについて指摘する人もありましたが、子ども本位でデザインされた服が一般的になるのは二〇世紀を待たねばなりませんでした。

ケイト・グリーナウェイ・スタイル

懐古《かいこ》趣味《しゅみ》がもてはやされた一九世紀後半に、レトロでかわいい女の子の服として人気を誇ったのが、絵本作家ケイト・グリーナウェイのイラストに出てくる子ども服でした。グリーナウェイ自身、子ども服に大変関心が高かったのと、服の描写自体もとても優れていたので、ケイト・グリーナウェイの絵本をモチーフにした服が「古風で優美なデザイン」として売り出されるほどでした。

グリーナウェイは、彼女が幼い日々を過ごした農村の思い出を込めた懐かしい雰囲気を絵にしました。彼女が好んで描いたのは一八世紀末から一九世紀初頭に流行した「エンパイア・スタイル」のドレスで、高いウエスト位置にサッシュを結び、ゆったりとした長

Column

スケルトン・スーツ

一八世紀末から一八三〇年にかけて、幼年男児用として一時的に流行したのがスケルトン・スーツです。短いジャケットとハイウエストの長いズボンの組み合わせで、前部をボタンで留めて着用しました。スーツの下はフリルの襟がついたシャツを着ていました。

スケルトン・スーツは身体を動かしやすく着心地もよかったため、着用する子どもにも人気でした。デザインは手足の自由がきくもので、現在にも通用する画期的なデザインでした。その後一八三〇年代には流行は下火になりますが、ヴィクトリア朝を通じてその影響は残り、のちの男性服のデザインに大きな影響を与えました。

ケイト・グリーナウェイのイラストにもスケルトン・スーツの少年がよく描かれています。

ヴィクトリア女王と子どもたち。王子が身に着けているのがキルトで、後ろ姿の幼い王女のドレスにはタータンのサッシュがついています。

白いドレスにタータンのサッシュをしています。

Column

タータンとキルト

「タータン」は、もともとはスコットランド北部のハイランド地方の人々が日常生活で身につけていた布地で、現在、二色以上の色を使って、上下左右対称に綾織りされた格子柄を指します。

一八世紀に、ハイランドの男性がタータンの着用を禁止された時期があり、禁止されたがためにタータンは特別視されるようになりました。禁止令が解かれたあとは、ファッション界でおしゃれな布地として人気を集め始め、ヴィクトリア朝には、ヴィクトリア女王夫妻のひいきが後押しして、ハイソなデザインとなりました。

ヴィクトリア女王夫妻は一八四二年に初めてハイランド地方を訪れ、その自然と風俗や人々に魅了されます。現在、王室のスコットランドでの私邸となっている「バルモラル城」は、ヴィクトリア女王夫妻が敷地を購入し、新しく建てたものです。夫妻はバルモラル城のなかの、じゅうたんやカーテン、ソファ、そして自分や娘たちのドレス、女官のドレスにいたるまでタータン（「ロイヤル・スチュアート」のバリエーション）を取り入れました。アルバート公自身もタータンのキルトを身につけ、息子たちにもまとわせました（キルトはもともと男性がはくもので、スカートとは呼びません）。タータンやキルトは大人だけでなく、子ども服でも大人気となったのです。

ケイト・グリーナウェイが描くかわいい少女服は、懐古趣味も相まってたちどころに流行のデザインに取り入れられました。

ケイト・グリーナウェイ風の服を着た少女のイラスト入りのコーヒーの広告です。

方形のシルエットで、襟や袖にはたっぷりフリルがついていました。

　これらは祖母世代が子どもの頃に着ていた懐かしい洋服でした。牧歌的で、失われつつあった古きよき時代の英国の農村を思い出させ、かつ見た目もかわいらしく、シンプルで機能的なこのスタイルは、以後も長期にわたって親たちの人気を保ちました。『砂の妖精』の作者ネズビットも、ケイト・グリーナウェイ・スタイルを大変気に入り、自分の娘に着せたそうです。

　ケイト・グリーナウェイ・スタイルは、ごてごてとした装飾で一杯だった大人の縮小版のドレスではなく、古風なスタイルではあったものの、子ども専用服としてブランド化された最初のものでした。

　絵本から抜け出したようなかわいらしいデザインは、幸福な子どものイメージとぴったり合っていたので、親にとって子どもへの愛情深さをアピールするのに最適な服装だったのです。

エプロンドレス

おかあさんは、むすめの　モペットとミトンには、ひらひらえりをつけた

よそゆきのエプロンふくを　きせました。

（ビアトリクス・ポター『こねこのトムのおはなし』石井桃子訳）

エプロンドレス（ピナフォー）は主に女の子がドレスの上から着用するもので、胸当てがついたものや、スモックのように上から羽織って背中をボタンで留めるデザインなどがあります。

ルイス・キャロル（一八三二～一八九八）の『不思議の国のアリス』の挿し絵で、アリスがワンピースドレスの上に着けているのが子ども用のエプロン「ピナフォー」です。

当時衣類は簡単に洗濯することができなかったので、ドレスの汚れを防止するために、服全体を大きくおおうエプロンを子どもに着せていました。基本的に後ろ開きで、背中部分はボタンもしくはひもで留めるようになっています。袖はほとんどなく生地は薄手で、色はほぼ白でした。

一八七〇年代になると、豊かになった社会を反映して、裾や肩にレースやフリルをあしらったおしゃれ着として

ピナフォーは袖がないエプロンで、かつてドレスが汚れないように前部にピンで留めていたことから、pin + before が名前の由来だと考えられています。また、幼い女の子が服を汚さないように身につけていた後ろボタンのワンピースドレスは、スモックと呼ばれていました。スモックは子どもの自由な動きを妨げないことから、のちに幼稚園などの制服になりました。

Column

ブルーマー

エリザベス・スミス・ミラー（一八二二～一九一一）が考案した女性用のゆったりとしたズボン。アメリカの女性解放運動家のアメリア・ジェンクス・ブルーマー（一八一八～一八九四）が広めて、世に知られるようになりました。当初は女性活動家が着用し、非難と嘲笑の的になりましたが、二〇世紀には女子のスポーツ着として着用されるようになりました。

のピナフォーも増えました。ネズビットの『砂の妖精』に出てくる女の子たちもピナフォーを着ていますし、『トムは真夜中の庭で』でも、ハティはひだのついた、袖のない青いエプロン（ピナフォー）を着ていたと描写されています。ピナフォーは女の子だけのものではなく、男の子も幼いうちはドレスの上からつけていました。

特徴的だった下着

コルセット

彼女たちは、娘たちのウエストをハチのように細くし、足の指をブタのひづめのように小さくすれば、かわいく見えるか、じょうぶになるか、そうでなくてもなにかの役には立つだろうと、そう思ったのだ。

（チャールズ・キングズリー『水の子どもたち』芹生一訳）

この時代の下着は、子ども用のものでさえ、基本的に身体の矯正《きょうせい》のためのものでした。幼いうちから取りかかれば、成長してから苦労せずに理想的なスタイルを得られるとして、幼児の頃からコルセットをつけることが当たり前でした。女の子は三歳にもなるとミニサイズのクリノリンをつけられました。

一八七〇〜八〇年代のアメリカ西部の開拓時代を描いたローラ・インガルス・ワイルダー（一八六七〜一九五七）の『大草原の小さな町』で、ローラが姉

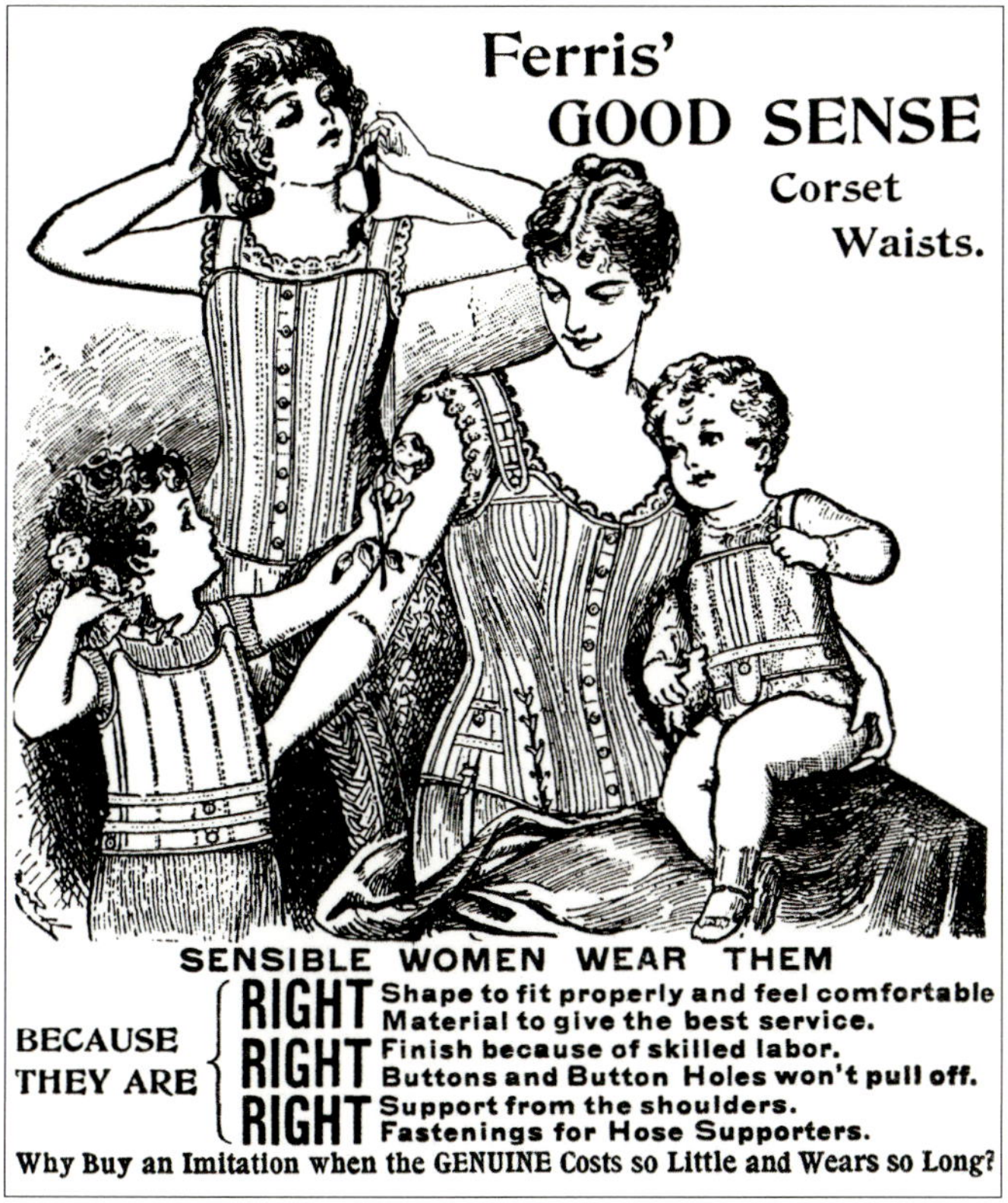

赤ちゃんから大人まで、ヴィクトリア朝を通じてコルセットは必需品でした。

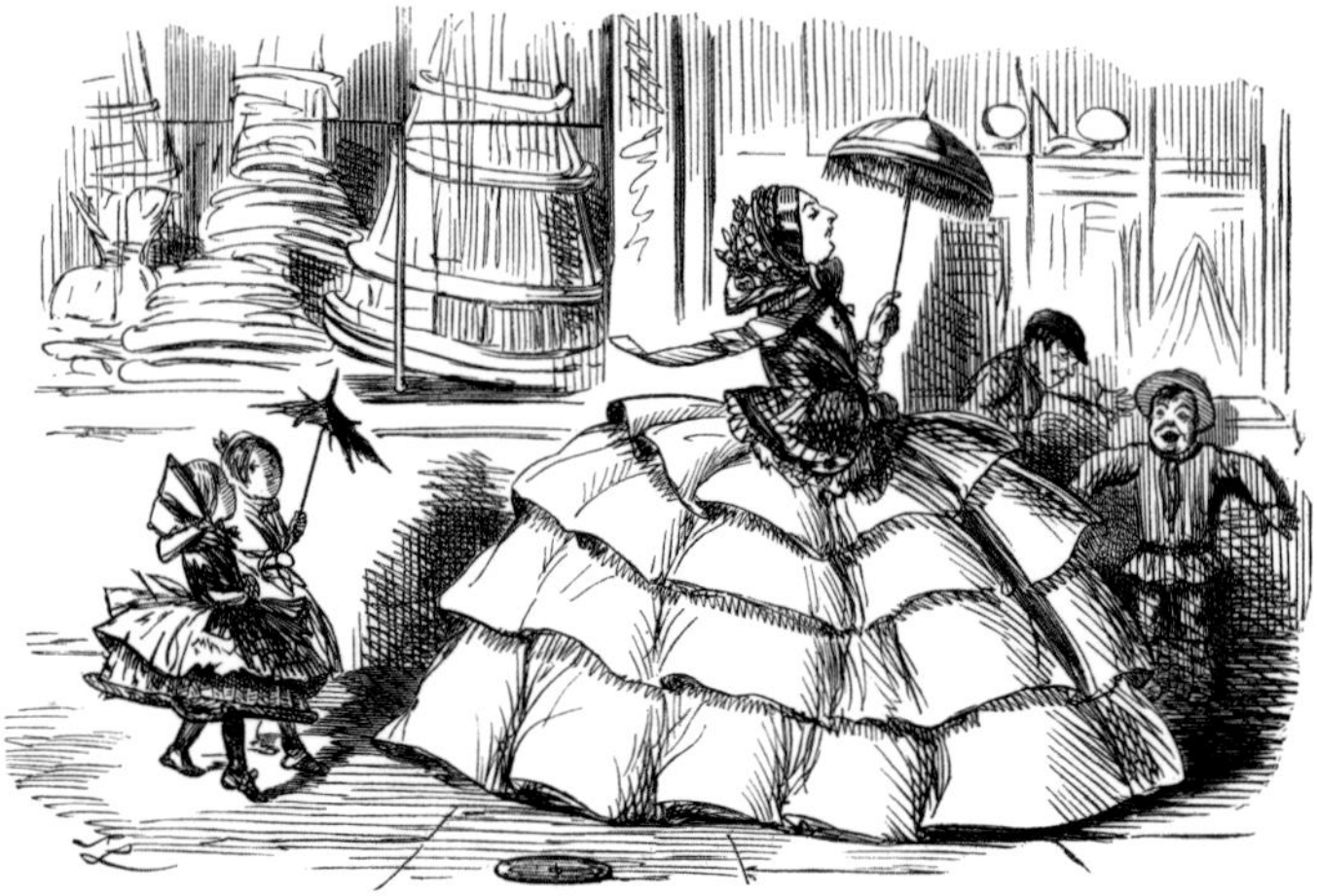

クリノリンはスカートをふくらませて見せるためのアンダースカート。1850年代にスチールやクジラのひげなどで釣り鐘型の輪の形で作られたものが考案され、より軽くなったことで人気を集め、1860年代まで流行しました。

のメアリにコルセットをつける場面があります。アメリカ中西部の開拓地のような辺境でも、コルセットをつけることが少女たちのたしなみとされていたのです。

当時コルセットの着用は、自分がまともな人間であると社会に示すことでした。姿勢のよさは育ちのよさの象徴とされ、男性すら姿勢のよさを手に入れるためにコルセットをつけていました。「粗野なウエストほど嘆かわしいものはない」として、コルセットをつけないのは、自分は自制心がなく社会的に排除されてもいい存在ですと、公言するに等しいことだったのです。

自然のままの状態では細いウエストは手に入らないため、できるだけ幼いうちからコルセットを与え、大人になって深刻な圧迫感に悩まされることのないようにするのが親の務めとされ、積極的に奨励されていました。少女たちは四、五枚のペチコートを着用し、腰はきついコルセットとベルトで強く締め上げられ、そのうえに重いドレスを被せられました。

とくに一八六〇～七〇年代においては、かつてないほど細いウエスト《タイト・》を求める風潮《レイシング》が強まりました。理想のウエストは一七～八インチ（四二・五～四五㎝）とされ、少女たちは競って、誰が一番ウエストが細いかにしのぎを削ったのです。

一八八〇年代には、行き過ぎたウエストの矯正が内臓や骨格の歪《ゆが》み、頭痛、食欲不振などの健康障害を引き起こすと問題になりました。きつすぎるコルセットでは健康な母親になれないと警鐘が鳴らされましたが、おしゃれを求める少女たちにはなかなか浸透しませんでした。

ドロワース

ドロワースは、ズボン型の下ばきです。ドロワースは長い間男性だけがつけていたもので、女性が着用するようになったのは、一九世紀に入ってからです。まず、上流階級や王族の女性たちがドロワースをはき始めました。一八一一年に一五歳の王女シャーロットが、ドロワースをつけていたことが記録に残っていますが、当初は、足元からチラリと豪華なレースを見せる贅沢品として着用されるにとどまりました。

ドロワースが下着として定着したのは、大人の女性ではなく、幼い女の子のための下着としてでした。男の子がはくようなズボンに似た木綿のドロワースは、丈が短いスカートをはく幼い少女にとって、保温と慎みを兼ねたものだったのです。

ドロワースは綿、もしくはフランネル製で、足の部分が分かれて腰をベルトで留めますが、内股の部分は縫い合わせず開いたままのものや、ボタンで留めるものなどさまざまで、裾にはレースなどの飾りや刺繍が施されていました。

ペチコート

「フランネルのペチコートって、いつも急場の役に立つのねえ！　ペチコートを考案した人の銅像を立てるべきじゃないかしら」

（ネズビット『鉄道きょうだい』中村妙子訳）

これは、地滑り災害を機関車に伝えるために、フィリスが赤いフランネルのペチコートを裂いて旗にして急を知らせる場面で、物語の大きな山場です。ペチコートの真っ赤な色はとてもよく目立ち、見事運転士に気づいてもらえました。ほかにも骨折した人の脚を乗せるのにも役に立ったため、フィリスは、嫌いだったペチコートを絶賛するのです。『よい子連盟』でも、アリスが月曜日なのに日曜日用の白いペチコートをはいていたので、そのギャザーのところをひき裂いて、旗にしてふって危機を脱することができたエピソードがあり、ネズビットのお話ではペチコートが大活躍しています。

『小公女』で下働きのベッキーが、セーラのためにお古の赤のフランネルで針刺しをつくってプレゼントする場面があります。フランネル地は綾織りの毛織物で、温かく風を通さないので、寒さから守るため下着によく使われていました。子どもだけではなく大人の女性の肌着やペチコートにもフランネルが使用されていましたが、とくに一八六〇年代に赤のペチコートが大流行しました。しかし赤色は鉛の化合物で染めていたので、健康に悪いと指摘されるようになり徐々に廃れました。

［右］ドロワースを見せてよいのは、短いドレスを着る比較的幼い少女に限られていましたが、1860 年代には、スカートのなかに隠れて見えなくなるほど丈が短くなりました。
［左］『鉄道きょうだい』の表紙より。赤いペチコートがストーリー上で重要な役割を担っていることが、表紙の絵に描かれているところからもわかります。

子どもの本の誕生

今では当たり前の〝子どものための本〟は、一八世紀中期に誕生し、一九世紀のヴィクトリア朝に黄金時代を迎えます。「序章」でも述べているように、子どもを小さな大人ととらえ、特別視しなかった時代は終わり、一八世紀末から、子どもを独立した「個」としてとらえるようになったことが大きなきっかけでした。英国が世界に先駆けた産業革命や、大人の言葉と子どもの言葉に差が少なかったこと、民謡や童歌を通して共通の言語を持ったこと、宗教教育に物語が使われていて物語になじみがあったことなど、さまざまな要因が重なったといわれています。

子どもの〝楽しみ〟のための本

初めて子どものための本屋を開き、子どものための本を次々に出版した人が、ジョン・ニューベリー（一七一三〜一七六七）でした。彼は本や雑貨を行商して売りながら、どうやったら子どもが喜ぶかを考えていました。それまで子どもの本といえば、宗教的な本や、教育的な本でした。子どもが純粋に読んで楽しい本は、当時まだなかったのです。そんななか、ニューベリーが企画して出版した『小さなかわいいポケットブック』（一七四四）、『靴二つさん』（一七六五）は楽しくてためになる、子どものための本の始まりでした。ポケットブックは子どもが手に取りやすい大きさで、今でいうおまけつきで本を売ったり、雑誌に広告を出して販売

Column

三匹のクマのおはなし

『三匹のクマのおはなし』は、日本ではトルストイ作のお話が知られていますが、実は英国生まれ。大きく分けて三パターンあります。一つは、行儀の悪い老婦人が三匹の雄クマの家に、クマたちが留守の間に入り込んで、椅子に座ってポリッジを食べ、ベッドで寝てしまいます。クマたちが帰ってきて老婦人を発見し、老婦人は窓から慌てて逃げて二度と戻ってこなかった、というストーリー。二つ目は、老婦人がゴールディロックスという名の女の子に替わったもの。三つ目（これが最もよく知られているバージョンでしょう）は、三匹の雄クマが、両親と赤ちゃんクマに替わったものです。

口伝えで語り継がれてきたこのお話が、初めて物語の本として出版されたのは一八三七年。作者は詩人のロバート・サウジー（一七七四〜一八四三）です。ゴールディロックスという名前も、〝シルバーヘア〟だったり、〝シルバーロックス〟だったり、〝ゴールデンヘア〟だったりと、絵本が出るたび、違っているのもおもしろいところです。

帰ってきてから食べようと用意しているポリッジ。外出している間に食べられてしまいます。

したりするなど、新しいアイデアをどんどん出してヒットさせました。ニューベリーの名前で出た本だけで、約二〇〇冊にものぼりました。著名な児童文学賞「ニューベリー賞」の名前は彼に由来しています。

1870年代になると挿し絵がカラーで印刷されるようになり、いっそう本を読む楽しみが増しました。

チャップブック

この国では、とくに子ども相手だと、悪い本ほどよく売れるのだ。

（キングズリー『水の子どもたち』）

この〝悪い本〟というのは、チャップブックのことでしょう。ニューベリーがポケットブックを企画するずっと以前から、チャップブックという簡単な小冊子が庶民の楽しみとして普及していました。チャップブックとは、チャップメンと呼ばれた行商人が販売した本で、大きさは縦約一五㎝、横は約一〇㎝の小さな本で、表紙を入れて二四ページ。たいてい木版の挿し絵が入っていました。

一七世紀末から登場し、宗教、歴史、昔話や笑い話、伝記などさまざまな分野の話を絵入りで紹介し、広く大衆に親しまれ、一八五〇年代に大流行しました。とくに子どもを対象として書かれていませんでしたが、一般庶民が読めるような平易な文章で書かれていたので、子どもにもよく読まれました。

19世紀の英国は、児童文学が大きく花開いた時代でした。立派な装丁の本は裕福な家庭しか買えませんでした。

なかでもフェアリーテイルズと呼ばれる妖精物語を育んだのは、チャップブックが子どもたちへ届けた大きな功績の一つでしょう。

『宝島』の作者ロバート・ルイス・スティーブンソン（一八五〇〜一八九四）は、挿し絵に心を奪われ、色つきの本をお小遣いで買い集めていたといいます。

一方、牧師だったキングズレーが『水の子どもたち』に書いたように、チャップブックにはゴシップものや殺人事件など大衆向けの粗悪な内容も多く、日曜学校の道徳主義を強化させる原因ともなりました。

ポケットサイズの『ロビンフッド』。
チャップブックは幅広い層に本を読む楽しみを提供しました。

チャップブックは一ペニーほどで買えるような安い本だったので、ペニーブック、ペニーヒストリー（ヒストリーとは物語の意味）とも呼ばれました。

カラーの本が登場

セーラは読むというんじゃないんですね、ミンチン先生。女の子じゃなくて、まるで小さなおおかみの子が、がつがつ飲みこむように、本を飲みこんでしまうんですよ。何か、いい本はないかとうえているようなもんです。

（バーネット『小公女』川端康成・野上彰訳）

初期の子どもの本は一般にサイズが小さく、多くは縦横一〇cmほどの手のひらに収まる大きさでした。伝統的な木版画で、絵も少なく、色も黒一色でした。一八五〇年頃から手作業による着色、色刷りの本が登場。ヴィクトリア朝後半になると印刷技術がさらに向上して、カラーの挿し絵入りの本が大

Column 識字率

『北風のうしろの国』の主人公ダイヤモンド少年は、貧馬車屋の息子でした。彼の誠実さに目を留めた紳士が、「字が読めるようになったら、たずねておいで。六ペンスと、きれいな絵のついた本をあげよう」と声をかけます。

この親切な紳士がダイヤモンドにプレゼントした冊子は、彼が自ら書いた絵やお話や詩でいっぱいでした。親切な紳士レイモンドさんは作者のマクドナルド自身を反映していて、彼の子どもたちへの思いがあふれています。

一八七〇年のフォスター法によって初等教育が義務化され、それにより国民の識字率が上がり、出版業界の活性化にもつながりました。しかし学費が無料になるのは一八九一年まで待たねばならず、多くの浮浪児や貧しい家庭の子どもたちは字の読めないままに置かれました。

一八七一年の調査では男性の一九％と女性の二六％は、文字を書くことができませんでした。読み書きができないことは、たとえ大人であっても特別なことではなかったのです。しかし、初等教育が普及したその二〇年後には、文字が書けない比率は七％まで下がりました。

［右］鮮やかなチャップブックの挿し絵。カラー印刷が普及する前までは、１枚１枚手描きで着彩されました。
［右下］『靴二つさん』はニューベリーが出版した本のなかで最も人気を博しました。

1884.] MAY. [31 DAYS.

GEMINI Π *The Twins.*

1 Th	Duke of Connaught b., '50.	17 S	Dr. Jenner born, 1749.
2 F	Meyerbeer died, 1864.	18 S	*Rogation Sunday.*
3 S	Tom Hood died, 1845.	19 M	N. Hawthorne d., 1864.
4 S	*3rd Sunday after Easter.*	20 Tu	Duke Cambridge b., 1819.
5 M	Napoleon I. died, 1821.	21 W	Montrose executed, 1650.
6 Tu	Sir J. Y. Simpson d., 1870.	22 Th	ASCENSION DAY.
7 W	Lord Brougham d., 1868.	23 F	Mark Lemon died, 1870.
8 Th	A. R. Le Sage, born, 1668.	24 S	Queen Victoria born, 1819.
9 F	Fred. Schiller died, 1805.	25 S	*Sunday after Ascension.*
10 S	Indian Mutiny com., 1857.	26 M	Haydn died, 1809.
11 S	*4th Sunday after Easter.*	27 Tu	Habeas Corpus, 1679.
12 M	Strafford beheaded, 1641.	28 W	William Pitt born, 1759.
13 Tu	OLD MAY DAY.	29 Th	Marshal Grouchy d., 1847.
14 W	Emp. Russia in Eng., '74.	30 F	Alexander Pope d., 1744.
15 Th	Daniel O'Connell d., 1847.	31 S	Canton taken, 1841.
16 F	Battle of Albuera, 1811.		

(First Quarter) d. h. m. 2 6 8 M. (Full Moon) d. h. m. 10 4 8 M. (Last Quarter) d. h. m. 18 4 54 M. (New Moon) d. h. m. 24 10 37 A. (First Quarter) d. h. m. 31 4 56 A.

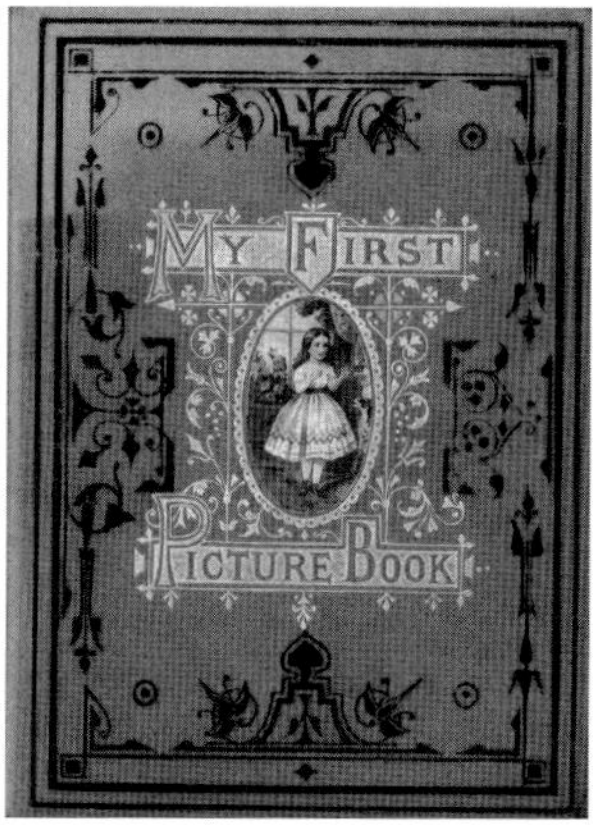

［左］1884年の、ケイト・グリーナウェイのアルマナック（生活暦）。日の出や日没時刻・聖人祝日・祝祭などが記されているアルマナックは、多くの家庭で使われました。
［右］カラーで出版された『My First Pisture Book』（作者不詳）。

量に生産されるようになりました。装丁も凝ったものが増えていきます。いろいろな本を選んで買えるようになりましたが、その恩恵にあずかれたのは、『小公女』のセーラのような、中流階級以上の子どもでした。

大多数の労働階級の子どもは、その日その日を生きていくのに精一杯で本は気軽に買えるものではなく、本を手にしたとしても、誰でも文字を読めるわけではありませんでした。

子どもたちがよく読んでいた物語

スーザンの蔵書は『ロビンソン・クルーソー』『スイス・ファミリー・ロビンソン』『ニコラス・ニクルビー』『ハンス・アンデルセン』の四冊だけでした。スーザンはこの四冊を順番にくりかえし、くりかえし読みました。

（アリソン・アトリー『農場にくらして』上條由美子・松野正子訳）

当時、本がいかに大事にされていたかがわかる描写です。『ロビンソン・クルーソー』は、一七世紀の作家ダニエル・デフォー（一六六〇～一七三一）の作品で、絶海の孤島に一人きりで生きていくサバイバル・ストーリーです。子どもたちにとって、どきどきわくわくする未知の世界の冒険物として広く読まれました。『スイス・ファミリー・ロビンソン』は、『ロビンソン・クルーソー』をもとにして、スイス人のヨハン・ルドルフ・ウィース（一七八二～一八三〇）が一八一二年に出版した冒険物語で、ロビンソン一家がオーストラリアに行く途中で難破し、漂着した南海の孤島でたくましく生きていくお話です。テレビアニメーション『家族ロビンソン漂流記 ふしぎな島のフローネ』の原作となったものです。『ニコラス・ニクルビー』はチャールズ・ディケンズの小説、『ハンス・アンデルセン』は、アンデルセン童話集を書いた作者ハンス・クリスチャン・アンデルセン（一八〇五～一八七五）の物語か伝記でしょう。

P・L・トラヴァース（一八九九～一九九六）の『とびらをあけるメアリー・

『天路歴程』の挿し絵より。冒険的なストーリーに加え、ドラマチックな絵も子どもたちの想像力をかき立てました。

Column

『天路歴程』

ヴィクトリア朝の子どもたちの間でよく読まれ、そしてよく遊びに取り入れられたのが、英国の伝道者ジョン・バニヤン（一六二八～一六八八）の書いた『天路《てんろ》歴程《れきてい》』という物語で、英語圏では聖書に次いで最もよく知られています。ジョン・バニヤンは若い頃放蕩をしたあと、妻の導きで神の教えと出会い、それまでの行いを悔い改めてキリスト教の信仰に入ります。

『天路歴程』は、キリストの教えをわかりやすく説いたたとえ話で、主人公クリスチャンがさまざまな誘惑や困難に打ち勝って天国を目指すという物語です。物語自体にゲームのような冒険的要素があるため、子どもたちの間では『天路歴程』のごっこ遊びが人気でした。

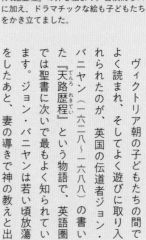

ポピンズ』には、メアリー・ポピンズが子どもたちがよく知っている本を三冊取る場面があります。『ロビンソン・クルーソー』『緑いろの童話集』『マザーグース童謡集』です。『メアリー・ポピンズ』は、二〇世紀に書かれた物語ですが、この三冊が、一九世紀を通して二〇世紀まで、英国の子ども

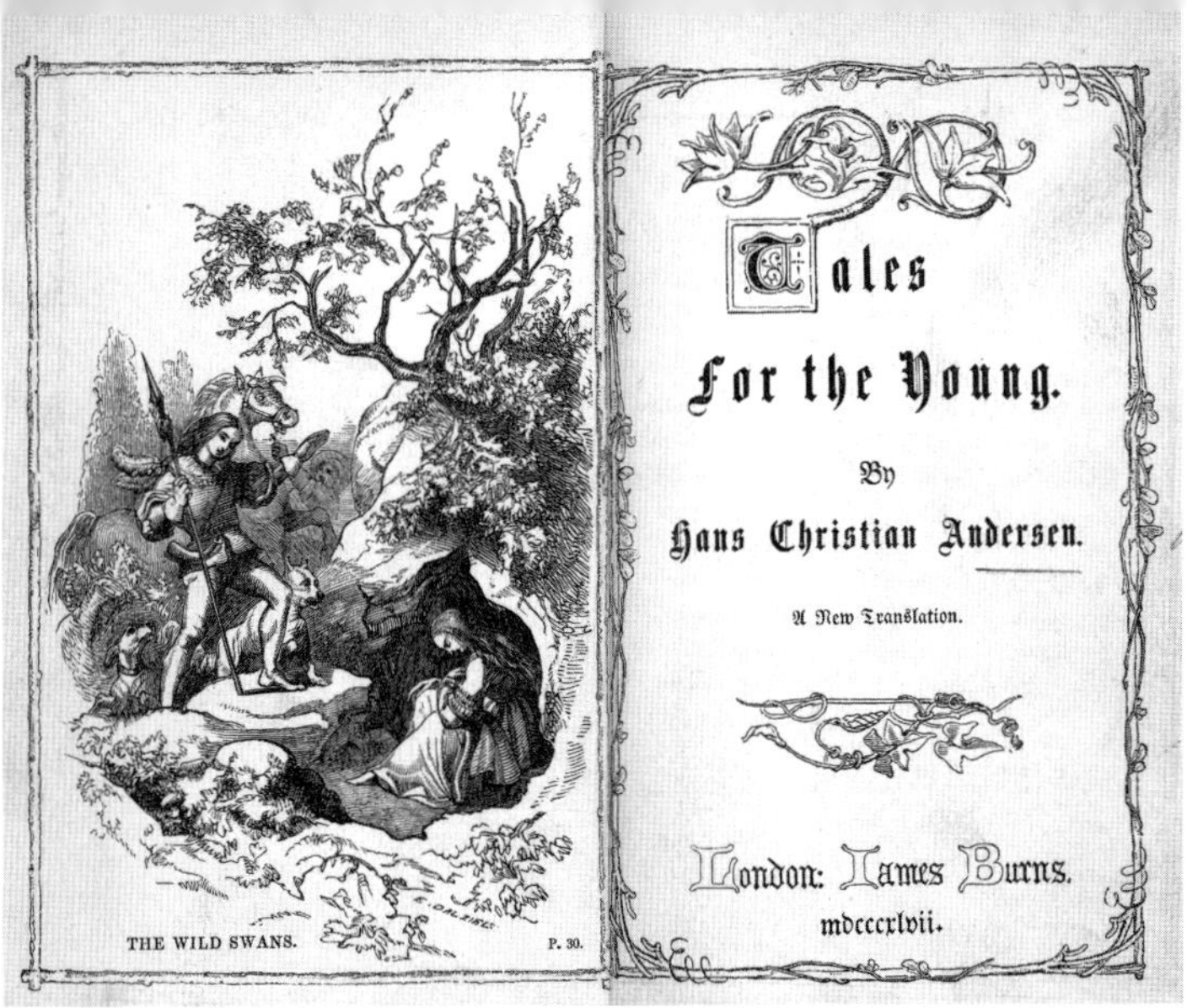

『アンデルセン物語』は、英国で翻訳出版されるとたちまち人気になりました。

Column 『ロビンソン・クルーソー』と冒険物語

そのかわりにティティは、『ロビンソン・クルーソー』をえらんだ。「これがあれば、無人島でなにをしたらいいか、ちゃんとわかるわ。」

（アーサー・ランサム『ツバメ号とアマゾン号』神宮輝夫訳）

海に囲まれた英国では、船に乗って見知らぬ世界に旅立つというのは大きな憧れと冒険心をかき立てるものでした。『ロビンソン・クルーソー』、『ガリバーの冒険』、『宝島』、『ピーター・パン』など、優れた冒険小説はヴィクトリア朝の子どもたちに広く愛読されました。

チャップブックに描かれた『ロビンソン・クルーソー』

なかでも人気が高かったのはデフォーの『ロビンソン・クルーソー』（一七一九）でした。もともと大人向けの小説として書かれたもので、原書は大変長く、発売直後から大幅にページを減らしたダイジェスト版がたくさん出回りました。以後、『ロビンソン・クルーソー』はさまざまなバージョンを生みながら、ヴィクトリア朝においては大人から子どもまで親しむ、おなじみの物語になっていました。

上記の『ツバメ号とアマゾン号』のティティのセリフのように、二〇世紀になってもなお、『ロビンソン・クルーソー』のサバイバル・ストーリーは多くの子どもたちの冒険心をくすぐっています。

冒険物語は、折からの英国の帝国主義と結びついた形で、受け入れられました。やがて英国を担う子どもたちに、英雄的な主人公が苦境を切り抜けていき、勇気や強さ、たくましさを感じさせることは、子どもの心身の育成によい影響を与えると考えられたのです。

たちに読み親しまれた物語であることがわかります。『緑いろの童話集』はアンドリュー・ラング（一八四四～一九一二）が世界中から集めた童話集の一つ、そして『マザーグース』は三二頁を参照してください。

児童文学の黄金時代

英国の児童文学の黄金時代は、ヴィクトリア朝の一八五〇～七五年を第一期としています。エドワード・リア（一八一二～一八八八）による『ノンセンスの本』（一八四六）がその皮切りとされ、チャールズ・キングズリーの『水の子どもたち』（一八六三）、ルイス・キャロルの『不思議の国のアリス』（一八六五）、ジョージ・マクドナルド（一八二四～一九〇五）の『北風のうしろの国』（一八七一）など、現在にまで読み継がれる名作が次々と生まれました。ヴィクトリア朝の窮屈《きゅうくつ》な道徳観のなかで、厳しくしつけられ、監督されてきた子どもたちは、道徳を説かない、純粋に楽しめる本、日常から解き放ってくれる物語をようやく手にすることができたのです。これらの本は大人たちまでをも、非日常の想像の世界へと誘いました。

エドワード・リアの『ノンセンスの本』。ルイス・キャロルなどのちの児童文学に多くの影響を与えました。

Column

ABCの本

子どもたちに文字を教える教材として、アルファベット教本がありました。アルファベットと、その頭文字を使った名前を組み合わせて絵本にしたもので、一九世紀の半ばには、鳥や花、動物、子どもの遊び、ものの名前などをテーマにしたものが数多く出版されました。

アルファベットに挿し絵が描かれた文字を覚える本。カラーの挿し絵は、見ているだけで楽しかったでしょう。

妖精や魔法を信じる心は豊かな想像力を育てます。
その心を忘れない大人が生み出す作品は名作となりうるのです。

Column 魔法

ネズビットの『魔法の城』で、「きっと人々がもう信じなくなったから、魔法は魔法でなくなったのよ」というキャスリーンに、ジェラルドは「ぼくはできるだけ魔法を信じるようにするつもりだ」と言う場面があります。

magicという英語は、「魔法」と訳されることが多いですが、「魔術・呪術（特殊な力を用いて、超自然的なことを起こす）」や「手品（巧みな技を使って超自然的なことが本当に起こっているかのように見せる）」という意味もあります。

「ハリー・ポッター」シリーズが、子どもから火がつき、英国全体で、そしてそれが世界的にも流行していったことは記憶に新しいでしょう。英国は魔法や妖精といった超自然的な現象や存在を、大人であってもばかにしない国民性があり、幽霊が出る家を喜んで受け入れたり、伝説が残る場所をあえて残しておくところにも、目に見えない存在への畏怖がうかがえます。J・K・ローリング（一九六五〜）はそうした国で育ち、魔術の歴史をふまえて作品世界を創りあげました。

現実を最重視するピューリタンから疎外された時代もありましたが、一九世紀にロマン主義が流行し、伝承や妖精物語を評価したこともあって、一九世紀前半からおとぎ話やファンタジーの本が出版され始めます。その先駆けが、一八五一年に出版された、ジョン・ラスキン（一八一九〜一九〇〇）の『黄金の川の王さま』といわれています。

その後、想像力豊かな子ども向けの作品が数多く生み出され、英国児童文学の黄金時代が一九世紀後半から始まっていくのです。

それまで、完全に別世界に設定していたファンタジーを、日常で起こる不思議な出来事を描く「エブリディ・マジック」という手法で児童文学作品を初めて生み出したのが、イーディス・ネズビットです。エブリディ・マジックを使った初めての作品は『砂の妖精』です。ある日、砂の妖精を見つけた子どもたちは、一日に一つだけ願いをかなえてもらえることになります。現実世界とファンタジーとが交じり合うことで、魔法がより身近に感じられ、人気を博しました。お話には現実に生きる子どもたちの暮らしもリアルに描かれているため、当時の子ども、とくに中流階級の子どもを知るにはうってつけの物語ともいえます。

『アーデン城の宝物』では、子どもたちは現代と過去を行き来できる魔法を教えてもらい、魔女にも助けてもらいながら、没落したアーデン家を救います。

Column

動物愛護の広まり

「やれやれ！　このぼうずは、おじいさんみたいに馬ずきときてるな。」（中略）小さい男の子は一生けんめいな顔で見あげました。

（アンナ・シュウエル『黒馬物語』土井すぎの訳）

英国はヨーロッパのなかでも動物保護に早くから目を向けた国です。世界最古の動物保護団体である「動物虐待防止協会」は、一八二四年に設立され、一八四〇年にはヴィクトリア女王の認可がおり、王立動物虐待防止協会となり、現在にいたっています。ヴィクトリア女王の動物好きはよく知られており、動物虐待防止協会の後援者になりました。ヴィクトリア女王即位五〇周年（一八八七年）を記念して囚人たちに恩赦《おんしゃ》が下った際、動物虐待罪に問われた者は除外されたほどです。

一八〜一九世紀初頭、動物は蔑視され、動物の命をもてあそぶブラッド・スポーツが娯楽として普通に行われていました。しかし、ヴィクトリア朝には動物への人々の意識が大きく変わりました。子どもへの意識が変わったのと同じように、動物もロマン主義的にみられるようになったこと、また、チャールズ・ダーウィンの『種の起源』に代表される科学の進歩で、人間と動物がつながっていることが理解されるようになったこと、都市化や工業化で今まで身近にあった動物から離れた生活になったことなどが影響しています。動物は人間と同じように感情を持つ生き物なので、ひどい扱いをしてはならないという新しい考え方が広まったのです。

一九世紀の育児の専門家たちは、子どもに動物の世話をさせることを提唱しました。キャロルの『不思議の国のアリス』で、アリスはダイナという名前のネコを飼っていて、続編の『鏡の国のアリス』ではダイナの子猫のキティが登場しています。ネズビットの『鉄道きょうだい』には、子どもたちはジェームズという名のイヌを飼っていて、大のなかよしだと書かれていますし、口のきけない動物たちのことを人間はもっと思いやるべきだと、ピーターが言う場面もあります。『宝さがしの子どもたち』ではピンチャーというイヌと、ウサギを飼っています。ピンチャーは穴掘りがとても得意で、時々ごみために首をつっこんで、ネズミを探して、鼻の先からしっぽの先までごみだらけになってきたりしますが、「どんなに顔がごみだらけになってもわたしたちはピンチャーが大好きです」と描写されています。

『黒馬物語』には、「男の子なんてものはね、きみ、馬やポニーを、まるで蒸気機関車か脱穀機のようにおもっているんだよ」とあり、男の子のほうが女の子より乱暴に動物を扱う傾向にあることをうかがわせます。しかし「男の子たちが、みんな残酷だというわけではありません。わたしは、まるでお気に入りの犬をかわいがるように、ポニーやロバをかわいがる男の子を見たことがあります」とも書かれています。

『ピーターラビットのおはなし』の作者ビアトリクス・ポターは、小さい頃から動物に興味を持ち、弟と一緒にさまざまな動物——ウサギやコウモリ、ネズミ、トカゲ、イモリ、ガマガエル、カタツムリ、フクロウなど——を飼って、注意深く観察し写生しました。動物が好きで趣味で絵を描く、という域を超えて、生物学的にも正確に描

くことへも強くこだわりました。ペットとしてかわいがっていただけでなく、描く対象として冷静に観る目を持っていたからこそ、ピーターラビットの絵本が生まれたといえるでしょう。

動物との共存といえば、ヒュー・ロフティングの「ドリトル先生」シリーズが有名です。二〇世紀に書かれていますが、時代背景はヴィクトリア朝初期。ドリトル先生は動物語が話せ、動物の患者たちを診る医者です。家にはたくさんの動物がいて、まさに〝動物園〟です。家のなかが手狭になったため広い庭を動物村にするお話が『ドリトル先生の動物園』（一九二五）で、先生ではなく動物たちが自主的に動いて暮らす、まさに本当の意味での動物園です。

『ドリトル先生のサーカス』（一九二四）は、ドリトル先生が借金返済のために、珍獣をつれてサーカス団に入るお話です。珍獣が自ら、先生を助けるためにサーカスの見世物になるのを承諾したのです。先生の理想とするサーカスは動物園と同じように、動物が自主的に働く場でなければならないので、当然、ドリトル先生は動物の扱いがひどいサーカス団をどんどん変えていきます。

動物と子どもがたわむれる絵画はヴィクトリア朝にはそれはたくさん描かれました。イヌはステイタス・シンボルでもあり、中流階級は、上流階級が飼うようなイヌを好んで選びました。

自我が出てきて言うことを聞かなくなる年齢の子どもの世話に、
ナースたちは手こずったことでしょう。

第4章

学童時代（6歳〜13歳）

子どもたちの教育

裕福な階級の教育

上流階級や裕福な中流階級は、家庭教師を雇って、家庭で子どもたちを教育しました。子どもは五〜六歳になると、ナースやナースメイドの手から、子ども部屋付き家庭教師《ナーサリー・ガヴァネス》へと引き渡され、読み書きや音楽など、初歩的な教育を受けます。ナーサリー・ガヴァネスは子どもを教えることのほか、子どもの服の管理（裁縫ができることは必須）、散歩、食事を一緒に摂ることなどが仕事ですが、ナースやナースメイドがいない家庭の場合は、さまざまな雑用も兼ねました。

子どもたちには基礎を学び終える七〜八歳あたりから、別の家庭教師がつき、さらに先の教育を施されましたが、このあたりから男の子と女の子とでは教育の方針が違ってきます。女の子は〝淑女《レディ》〟に、男の子は〝紳士《ジエントルマン》〟になるための教育です。

イーディス・ネズビットの『魔法の

城』には、きょうだいのうちの男の子たち（ジェラルド、ジミー）は同じ学校に行き、女の子のキャスリーンは別の学校に行くと書かれており、「男の子と女の子が同じ学校に通うという、気の利いた習慣がいずれ当たり前になるといいと思うのですが今はまだそれほど広まっていません」とあります。出版された一九〇七年にあってもまだ男女の学び場が別だったことがわかります。

大人になったときの社交につながるよう、教養を教えられます。ピアノを含めた音楽は必須でした。

子どもたちにさまざまなことを教えるガヴァネスは重労働でした。作家アン・ブロンテとシャーロット・ブロンテは、それぞれ、1839年と1841年に、ガヴァネスの経験をしており、それが作品にいかされています。ガヴァネスとして住み込んだ家は、彼女たちをメイド同然に扱い、たくさんの縫い物を強要したそうです。

家庭で子どもを教育する

裕福な家庭では、家庭教師を含む大勢の使用人を雇っていました。子どもたちの教育や、社交、慈善活動といった知的なことのために時間を使うためで、それが淑女であるべき女主人の仕事だったからです。賃金をもらう仕事をするなどもってのほかでした。

中流階級のほとんどは、大勢の使用人を雇うほどの収入はなかったので、家事をこなすメイドを雇うだけで精一杯でした。一人であっても、使用人を雇っているということが中流階級かどうかを判断するポイントであり、中流階級のプライドでした。

中流階級で家庭教師を雇えない家では、母親や父親、あるいは年長のきょうだい、家族の友人などが子どもの教育係でした。

男の子は、プレップ・スクールあるいはパブリック・スクールへ行く年齢になると家を離れました。紳士としての教養や人格を高めるためです。

女の子は淑女として育ち、裕福な紳士と結婚して家庭の天使になることが求められたので、お金をかけて学校に

トーマス・ヒューズ『トム・ブラウンの学校生活』より。
豊富な挿画から、ラグビー校の様子が手に取るようにわかります。

行かせる必要はなく、家庭で学ぶ内容も社交に必要な、ピアノやダンス、絵画、フランス語といった、女性として必要な教養的な内容でした。女の子が入れる寄宿学校はありましたが、学費が高額だったので、利用できる家庭は限られていました。また健康管理への不安から（たとえば、シャーロットとエミリー・ブロンテの姉マリアとエリザベスは聖職者子女学校で発生した結核にかかって死去しています）あえて家庭教師を雇う家庭も多かったのです。

男の子の教育

一一〜一八歳くらいまでの男子を教育する「パブリック・スクール」は、オックスフォード大学、ケンブリッジ大学へ進むための準備機関の総称です。〝パブリック〟という名前がついていますが、完全に私立学校《インディペンデント・スクール》です。パブリックと呼ぶのは、私的な家庭内の教育ではなく、広く一般から募集した生徒を教育する〝パブリック〟な施設だからです。パブが、会員制のクラブとは違って、誰でも受け入れるという意味で「パブリック・ハウス（パブ）」と呼ばれるのと同じです。

もっとも古いパブリック・スクールは一三八二年創設のウィンチェスター校で、オックスフォード大学ニュー・コレッジ進学のためにラテン語の文法を教えることが目的でした。その後、イートン校、ハーロウ校、ラグビー校、チャーターハウス校、シュルーズベリー校と、のちに名門校と呼ばれるパブリック・スクールができます。

もともとパブリック・スクールは、貧しくて教育を受けられないが優秀な人材を、将来の聖職者として育成することを目的に宗教団体がつくったものでしたが、経営的に学費を払う生徒も受け入れる必要性が出てきます。学校の評判がよいこともあって、全国から、学費を払える裕福な家の息子がやってくるので、寄宿制になっていきます。パブリック・スクール＝高い階級の子息が行く私立のエリート校というイメージは、ヴィクトリア朝に確立しました。

パブリック・スクールは、学校が目指す二大学をお手本としていたので、少人数の教育が売りでした。そして、パブリック・スクールへ行くための「予備学校《プレパラトリー・スクール》」（個人経営の私立学校「プロプリエタリー・スクール」とも呼ばれる）もできました。こちらも全寮制の少数教育で、男子だけを受け入れました。

ネズビットの『よい子連盟』には、クリスマスが終わると男の子はプロプリエタリー・スクールに通い始めた、とあります。邦訳では〝プレップ〟となっていて、プレップとはプレパラトリー・スクールの略語です。

また、『宝さがしの子どもたち』では、貧乏から解放された子どもたちのうち、オズワルド、ノエル、H O《ホレス・オクテイビアス》の男の子三人は、ラグビー校に行くことになります。そしてそのあとは、お父さんの出身校であるオックスフォード大学ベイリオル・コレッジに行くはずだ、と書かれています。

まさにこれが、プレパラトリー・スクール↓パブリック・スクール↓オックスフォード大学またはケンブリッジ大学、というエリートが進む教育の道でした。

中流階級が力を入れた教育

産業革命によって台頭した中流階級は、経済力と社会的地位を得ましたが、上流階級からは成り上がり者とうとまれ、紳士と認めてもらえませんでした。そのため自分の子どもたちには同じ思いをさせたくないと、よい教育を与えることに必死になりました。とくに息子には、上流階級のように幼いうちからよい家庭教師をつけ、その年齢がきたら寄宿学校へ送りたいと考えました。しかし、名門校は成り上がりの子どもは入れてくれません。

そこで次々に出てくるのが、成り上がりの子どもでも受け入れる新しい寄宿学校でした。当時、国は教育には手を出さなかったので、寄宿学校をつくるのにも届け出は必要なく、一八四〇年代から中流階級の需要に応えるように数多くの寄宿学校が設立されました。

新しい寄宿学校は競争し合っていて授業料も安く、名門校に追いつこうとしますが、よい学校ばかりではありません。金儲け主義（入学後に理由をつけて

上下とも『トム・ブラウンの学校生活』より。
［上］生徒の部屋。学校物語はパブリック・スクールに行く子どもを励ますために書かれましたが、夢中になって読んだのはパブリック・スクールには行っていない階級の、今後も行く可能性のない子どもたちでした。
［下］けんかやいじめは日常茶飯事でした。

『トム・ブラウンの学校生活』より。クリケットの様子。クリケットは英国発祥のスポーツで、野球の原型といわれます。

追加料金を取る学校もかなりありました）、厳しい規律、生徒虐待《ぎゃくたい》はそのいい例です。チャールズ・ディケンズの『デイヴィッド・コパフィールド』は、まさにそうした悪行《あくぎょう》を小説として世に知らしめたものです。デイヴィッドは母の再婚相手に反抗したため、セイレム塾という私立の寄宿学校へ追いやられます。まわりを高いレンガ塀で囲まれた、とても陰気臭い学校でした。「絶えずいじめ抜かれ、小突き回されているのだから、とても勉強などできようはずがない」とあるように、セイレム塾の生徒いじめはひどいものでした。

　こうした新しい寄宿学校は新聞に広告を出して生徒を集めました。学校が地方に多かったのは、親の目が届きにくく、学校の悪いうわさも広がりにくかったからといわれています。そのため、実際に生徒虐待で訴えられ裁判になっても、一〇年以上存続した学校もありました。

　私生児や問題児などを厄介払いのため、あえて遠くの寄宿学校へ息子を送る親もいました。寄宿学校へ行かせているというのは世間体がよかったのです。また、最初の授業料を払ったあと姿をくらます親もいて、学校が被害を受けることもありました。

名門校の改革

一體《いったい》世界中で、パブリック・スクールほど、個人の性格が重きをなすところはない。

（トマス・ヒューズ『トム・ブラウンの学校生活』前川俊一訳）

　名門といわれるパブリック・スクールでも、当時規律が乱れ、暴力が横行していました。先生の体罰、上級生や同級生のいじめ、雑用制度などが当たり前のように存在していたのです。ルイス・キャロルも、「ナルニア国」シリーズの作者C・S・ルイスも、詩人でデザイナーのウィリアム・モリス（一八三四〜一八九六）も、パブリック・スクールを出ていますが、いい思い出がないと回想しています。モリスにいたっては「何も学ばなかった。なぜならほとんど何も教わらなかったからである」とまで述べています。ルイスがとくに我慢できなかったのは上級生が下級生に雑用をやらせる制度で、空き時間などほとんどありませんでした。

ラグビーも英国発祥のスポーツ。1823年、ラグビー校でのフットボールの試合中、1人の少年が手でボールを持って走ったことがきっかけ（当時はまだ共通のルールがなかった）で生まれたとされています。その後、ラグビー校ではフェアプレイの精神と団体精神を植えつけるために推奨しました。

ルイスは何度も父親に嘆願の手紙を書き、一年で学校を辞めました。

学校の経営にも不満が集まったため、一八六一年には、パブリック・スクールの実態調査のための委員会が設立されましたが、パブリック・スクールの改革はもっと以前、一九世紀前半から取り組まれてはいました。

パブリック・スクール改革者と呼ばれたトーマス・アーノルド（一七九五〜一八四二）は、ラグビー校の校長を務めた一八二八年から同校の改革を行い、それが他校にも影響をおよぼしました。紳士としての人格養成を重視したこと、そのために優秀な生徒に大幅な自治権を与えたことなど、アーノルド校長の功績はさまざまあります。彼の生徒たちが大人になり、各地でパブリック・スクールの教師や校長になって、アーノルドの教えを生かしました。

そのいい例が、アーノルドが校長だった頃の生徒トーマス・ヒューズ（一八二二〜一八九六）です。ヒューズは大人になって、『トム・ブラウンの学校生活』という小説を発表しました。トムがラグビー校へ転入し、成長していく様を描いたこの「学校物語」は、大人気を博しました。学校物語という児童文学のジャンルはこれ以降大きく発展し、数多く世に出ましたが、現代まで読まれている物語は『トム・ブラウンの学校生活』を含め数えるほどしかありません。

『トム・ブラウンの学校生活』で、トムは九歳のときに私立の学校に入学しています。最初の二週間に自分と同じ階級の連中から受けた悪い感化が、村の子どもたちから受けたそれよりも大きかった、と描写されています。

女の子の教育

アンガスがわたしの家庭教師をつとめることになり、古代ゲール語やラテン語やギリシャ語を教えてくれたので

す。わたしたちは図書室のなかでいっしょになって、古代の本をいろいろと読んだり研究したりしました。女の子が受ける教育にしては実に風変わりな教育でした。

（F・H・バーネット『白い人たち』砂川宏一訳）

女の子への教育の機会は、労働者階級の男の子以上に少ないものでした。「少女は従順であっても理性的でない。機知はあっても聡明ではなく、まわりの人々に快楽と慰めをもたらす存在」なので、女の子のための高等教育は不要だと唱えたのは、フランスの哲学者で教育論者でもあったジャン＝ジャック・ルソーでした。

そもそも一九世紀の中頃まで、女の子に男の子と同等の教育をする必要はないと考えられており、女の子には一般的な学問よりも理想的な妻や母となる役割が期待され、そのための花嫁修業的な技術を身につけることが大切だとされていました。求められたのは、

淑女学校で絵画を学ぶ少女たち。生活と直結しない学問こそが淑女としてのたしなみだったので、絵は裕福な家庭の子女が学ぶのにふさわしいものとされていました。

良妻賢母になることが当時は求められたので、家庭を守っていくために必要なことが女の子には教えられました。

Column

指ぬきと裁縫

ドラはちょうど弟ノエルのくつ下の大きな穴をつくろっているところでした。

（イーディス・ネズビット『宝さがしの子どもたち』吉田新一訳）

長女のドラは家のなかのつくろいものを一人で引き受けています。ネズビットの物語に出てくる女の子たちはみな、つくろいものをしていました。どれも裕福だった中流階級の子どもたちが貧乏になるお話なので、使用人もいなくなり、両親は不在、もしくは仕事で忙しいということで、自分たちでやらなくてはいけないわけです。

とはいえ、使用人がいなくなったからといってすぐにつくろいものができるわけではありません。裁縫ができるのは学校で習っていたおかげです。キャロルの『不思議の国のアリス』でも、ポケットのなかにあったのは飴と指ぬきだけ、という描写があるように、縫い物に欠かせない指ぬきは、女の子がいつも持っている必須アイテムでした。『ピーター・パンとウェンディ』では、ウェンディが持っていた指ぬきが、彼女の命を救うことになります。指ぬきは当時の女の子を知る重要なキーワードです。

ミシンが登場するまで、洋服は手縫いだったので、洋裁の技術は女性なら必要なものでした。労働者階級は簡単に新しい服は買えなかったので、破れたところはつくろって、ボロボロになるまで着ました。

健康と優雅さであり、適度に芸術や裁縫などをたしなむだけでよいとされたのです。

上流階級の女の子は、寄宿学校などに入る男の兄弟と違い、家で家庭教師からフランス語や音楽、絵画や刺繍などを学びました。とくに歌やピアノは、家族やお客を心地よくもてなすのによいという理由で奨励されました。

中流階級や農村のジェントリ階級の女の子たちも、家にゆとりができると、家事や手伝いなどの実際的な仕事から解放されて、淑女としてのたしなみを身につけるために家庭教師をつけられました。裕福な農家では、裕福な中流階級の娘と同様に、酪農や農家の仕事を手伝わせる代わりに、寄宿学校で教育を受けさせ、ダンス、フランス語会話、ハープシコード演奏を学ばせることもありました。しかしあらゆる仕事を引き受けなければならない大多数の農家の娘や、労働者階級や貧困層の娘には、そのような教育を受ける機会はほとんどなかったのです。

また、女の子はラテン語やギリシャ語を学ぶことはほとんどありませんでした。こうした分野は「男性的知識の領域」とされていて、一八六九年に出版されたエチケット本には「男性は女性の前で古典の文句を引用してはならない。もし引用したときは、それを翻訳してやらなくてはいけない」とあったほどです。

また、階級制度がはっきりしている英国では、高学歴であることや勉強ができることは、ステイタスとはみなされない風潮があります。上流階級であればあるほど、ダイアナ元妃のように学業が振るわなかったことなどは問題にされません。そして二〇世紀も半ばになっても、女の子には家で家庭教師をつけることが多かったのです。

淑女学校

学校がどんなところか、ほとんど知らなかったのである。そこでは若いお嬢さんたちが姿勢をよくするために背板を背おい、足枷《あしかせ》のようなものをつけて坐り、きわめて上品で、きちょうめんでなくてはいけないのだと、ときどきベッシイが話してくれた。

（シャーロット・ブロンテ『ジェーン・エア』大久保康雄訳）

Column

女子が就くことができた仕事・家庭教師《ガヴァネス》

チャールズ・ディケンズの『荒涼館』の主人公エスターは、お針子か家庭教師しか選択肢がないと悩み、「私はやがて家庭教師の資格を身につけ、それによって生計を立ててゆかねばいけない」と嘆きます。

家庭教師は、通いと、住み込みがあり、男性の家庭教師は「テューター」、女性の家庭教師は「ガヴァネス」と呼ばれました。小説『ジェーン・エア』に代表されるガヴァネスという仕事に就く女性は、ヴィクトリア朝に急増しました。

男性より女性の人口が増えたことも原因の一つで、それは中流階級で顕著でした。大事な子どもの教育を託し、住み込みであればともに暮らしていかなくてはいけない家庭教師ですから、生まれも育ちも自分たちと同等の〝淑女〟でなければなりませんでした。ですから、高い階級で生まれ育った教養のある女性が、家の事情や結婚相手に恵まれなかった場合、自活の必要のために選ぶ、収入を得ても恥ずかしくない道は、当時、ガヴァネスしかなかったのです。

しかし同等のガヴァネスを雇っても、雇用主が〝お金をもらう〟立場の

一緒に過ごす時間が多いガヴァネスと子どもとの間に、家族のような愛情が生まれることもありました。

一八世紀末には、女の子のために淑女教育を施す学校が多く存在していました。いわゆるプライベート・スクールで、学費は高く、学校によってはイートン校よりも高額のところもありました。一八五一年には三万校を数えましたが、パブリック・スクールのような基盤がなかったため、経営は不安定でした。しかし法律の規制を受けなかったため、教育も経営者の方針で行うことができ、受け入れ年齢も自由でした。

セーラが前へ出て、むじゃきなうったえるような目で見つめながら、先生に、とつぜん、フランス語で話しかけたとき、この太った少女は、ほんとうに驚いて飛びあがった。

(バーネット『小公女』川端康成・野上彰訳)

比較的裕福な中流階級では、娘を「淑女学校」にはやらずに家に置いて、上流階級にならって住み込みの家庭教師をつけていました。

しかし『小公女』のセーラのような、裕福でも親が遠方にいるような娘は、ミンチン女子学院のような女子の寄宿

ガヴァネスを対等に扱うことはほとんどありませんでした。大学を出てチューターになった男性と、ガヴァネスとの給料の差は二倍以上あり、女性が蔑視されていたことがわかります。住み込みのガヴァネスの場合、何人もの子どもに、一人で多くの科目を教えなければならないうえ、子どもたちの衣類を縫ったりつくろったりする〝裁縫〟まで任せられていました。

また、使用人のなかでは、ガヴァネスは立場が上なので、やっかみの対象になりました。雇用主からも使用人からも屈辱的な扱いを受けているガヴァネスが、教える子どもたちからも甘く見られることはよくありました。冷遇されるガヴァネスのために、一八四一年には「ガヴァネス互恵協会」が設立されています。この協会によって、資格のあるガヴァネスの養成教育機関「クイーンズ・コレッジ」が一八四八年に設立されました。現役のガヴァネスのためのクラスだけでなく、九〜一二歳までの女子対象の予科クラスも設けられていました。

雇用主にも、子どもたちにも恵まれ、信頼を得たガヴァネスは、子どもたちが大きくなっても話し相手、あるいはお目付け役としてそのまま残ることもありました。両親よりも長い時間をともにし、知らないことを〝教えてくれる〟立場のガヴァネスは、子どもたちに少なからず影響を与えたはずです。

『ピーターラビット』の作者ビアトリクス・ポターの家庭教師アニー・カーターはまさにその一人といえます。アニーはドイツ語、ラテン語、算術や油彩画などをポターに教えました。アニーが結婚で家庭教師を辞めたあともポターは手紙のやり取りをしており、家を訪ねて子どもたちとも交流しました。アニーの長男のノエルが病気で寝込んでいたときに、彼を元気づけるために絵入りの物語を書き送ったのが『ピーターラビット』の物語だったのです。

ノエルはこの絵手紙を喜び、大事に保管していたので、七年もたってポターがそのお話を本にしてみようと思ったとき、その手紙をポターに貸すことができたのです。ノエルの弟エリックにはカエルを主人公にした絵手紙を送っており、これはのちに『ジェレミー・フィッシャーどんのおはなし』として出版されることになります。

学校に預けられました。生徒のなかにはわずか四歳のロッティが、家族が面倒をみきれないという理由で預けられていたり、大人の年齢近くになっていたラヴィニアもいたりと、年齢はさまざまでした。ミンチン女子学院は、裕福な家庭の娘を預かり、社交界のマナーを身につけさせ、花嫁修業をさせるような性格の学校だったと思われます。

Sunday
Tuesday
Monday
Thursday
Wednesday
Sunday, sixpence in the plate;
Monday, makes the scholars late;
Tuesday, work is well begun;
Wednesday, leaves the lazy one;
Thursday, full as full can be;
Friday, friends come in for tea;
Saturday, the kitchen clean; —
Sunday comes for rest between!
Friday
Sunday
Saturday
労働者階級の女の子は学校に行くだけでなく、やらなければならない家事もいろいろあり、1週間はあっという間だったのではないでしょうか。

女の子の初等教育

学校に通ったのは、女の子はみんな行っていたからですし、勉強したのは、そうすれば午前中は一一時に、午後は四時に自由になれたからでした。

（バーネット『バーネット自伝』三宅興子、松下宏子編・訳）

一八八〇年に初等教育が義務化されると、女の子も学校へ通うようになります。第六学年が終了するまでに、簡

Column

女の子の制服

一八五〇年に北ロンドン貴婦人学校を創設したフランシス・メアリー・バス（一八二七〜一八九四）は、すべての生徒に体操の授業を取り入れました。優美で疲れすぎない音楽体操を行い、そろいのセーラーハットにジム・チュニックという体操用の制服を用意しました。

一方、女子学生の普段用の制服は、一九世紀末まで実用段階にはいたっていませんでした。女子の制服が一般的になるのは二〇世紀に入ってからで、イーヴ・ガーネット（一九〇〇〜一九九一）『ふくろ小路一番地』（一九三七）には、グラマースクール（中流階級が行く進学校）に入学が決まったケートが制服を用意する顛末《てんまつ》が書かれています。ケートは優秀な成績で奨学金を取ったものの、入学にあたって、制服一式からスポーツの道具まで用意する必要があり、貧しい労働者階級の一家は大慌てするのです。

クロッケーは芝生の上で行われる球技で、ヴィクトリア朝の英国ではさかんに行われました。『不思議の国のアリス』のアリスが女王に誘われたのがクロッケーです。

Column

女の子のスポーツ

発育中の少女の身体は、まだ子宮が安定していないものと考えられていたので、運動をするとバランスを崩してしまい、子どもを産めなくなると信じられていました。跳んだりはねたりといった激しい運動はもってのほかでした。しかし散歩なら、腹部を動かさなくてよいということで、上流階級から中流階級の家庭、学校、救貧院でさえも、女子に許された運動として積極的に行われました。

散歩のほかに、上流階級の女子が品位を保ちながらできるスポーツとして、アーチェリーとクロッケーがありました。どちらも身体を動かしすぎずに安全に行えることと、戸外の新鮮な空気の下で健康的に楽しめること、クリノリンをつけたたしなみのある服装で競技に参加できたことが理由でした。一八六〇～七〇年代に人気を博したクロッケーは、やがてローンテニスに取って代わられました。

一九世紀後半になると、病弱では健康な子どもは生まれないという考え方が広まり、少女たちの健康のため、改めてスポーツが注目されるようになりました。

裕福な中流階級の女子を対象にした寄宿学校が誕生すると、男子のパブリック・スクールを模範として、スポーツ活動が重要視され、のちにホッケーやラクロスなどの競技もさかんに行われるようになりました。

一八七〇年代には女子の教育にも本格的に体育の授業が始まり、体操にダンス、ダンベル上げなどが取り入れられました。それまで女子は手足を自由に動かす必要はないということから、スポーツに適した服装はありませんでしたが、体育の授業の普及とともに、スポーツにふさわしい衣服が現れました。

ある女学校ではジム・チュニックという袖なし、膝丈のジャンパースカートが体育の授業で着用されています。スカート部分に大きな箱ひだをとり、ウエストにベルトをつけたデザインは、のちに学校の制服にも採用されました。

単な文章の読み書きと算数を修得することが求められ、加えて女の子の場合は裁縫ができるようになることも求められました。地理や文法、さらにローマやギリシャや英国の歴史も学ぶことができました。

労働者階級の初等教育

英国の労働者階級の初等教育は、一八七〇年の初等教育法を境に、国家主導で行われるようになりましたが、それ以前から貧しい子どもたちを対象にした私的な初等教育（私的なので寄付を基盤に運営）の場は存在しました。大きくは以下のように分けられます。

宗教団体による慈善学校《チャリティ・スクール》

「無知こそ悪徳《あくとく》と堕落《だらく》の原因」だとして、貧しい子どもたちに読み書きを教えるために開設。宗教団体が担っているので、当然のことながら宗教教育が重視されました。教義問答書を教科書にし、キリスト教教育に根ざした勤勉な労働者として宗教教育を施すことが目的でした。

大きな団体として、キリスト教知識普及協会（一六九八年創立）、内外学校協会（一八〇八年創立）、国民協会（一八一一年創立）の三つがあります。

内外学校協会と国民協会による慈善学校に共通したのは、「助教生方式《モニトリアル・システム》」と呼ばれた教授法です（成績優秀な年長の子どもを助教に選び、教師から教えられた通りをほかの子どもたちに教えるもの）。

ディケンズの『デイヴィッド・コパフィールド』で、孤児のハム・ペゴティーは、国民学校へ通っていて、教理問答にかけてはすばらしい才能を持っていたと描写されています。国民学校というのは、国民協会が運営する慈善学校で、教理問答を教えているのは宗教団体の学校だからです。一口にキリスト教といってもさまざまな宗派があり、慈善学校を運営する宗派の宗教教育が施されました。

日曜学校《サンデー・スクール》

キリスト教の安息日である日曜日に、教区の子どもたちの聖書教育の場として設けられました。学校という名前がついているものの、教会のプログラムの一つとして教会内で行われるのが通常。多くは礼拝の前後に行われました。

生徒たちのなかを回って立って指導しているのが助教生です。

言うことを聞かない子どもには鞭などの体罰が加えられました。
それが怖くて勉強に集中できない子も……。

日曜日の夕べは、教義問答や、マタイ伝五、六、七章を暗誦したり、疲れている証拠にあくびを押えきれぬミラー先生の長たらしいお説教に耳を傾けたりして、すごした。

（ブロンテ『ジェーン・エア』）

ジェーン・エアが預けられたローウッド慈善学校では、毎週日曜日になると約三㎞も離れた教会へ歩かされ、学校に戻ったあとも聖書の教義問答《キャテキズム》の夕べが行われていたとあります。冬も薄着しか持たせてもらえなかったジェーンたち生徒は、あまりの寒さに暖炉の火を狂わんばかりに望んだとあり、「寒い季節には、日曜日は恐るべき日」だったようです。

学校内であれ、教会であれ、日曜は安息日として神様のことを考え祈る日であって、聖書以外の本を読んだり勉強したりするのは御法度《ごはっと》。遊ぶなどもってのほかでした。ジェーンたち孤児にとって、いつもより少し多いパン以外に何の楽しみもない一日でした。

日曜学校は、慈善学校から派生したものです。グロースターで新聞社を経営していたロバート・レイクス（一七三五〜一八一一）が、一七八〇年に自社の新聞に日曜学校を奨励する記事を掲

日曜日は普段は着ない上等な服を着て教会へ行きます。
日曜学校ではキリスト教を子どもにもわかりやすく伝えました。

載したことがきっかけで、英国各地に広がりました。一八〇三年には日曜学校連合が結成され、一八三三年には一万六八二八校が加盟していたといいます。

　ロバート・レイクスの活動に共鳴し、日曜学校運動に参加したハンナ・モア（一七四五～一八三三）は、英国の教育改革に力を尽くした女性です。彼女は庶民の子どもたちに読み方を教える教材として、聖書はまだ難しすぎると考え、教訓や説教、お祈りなどを書いた簡単な小冊子の出版を思いつきました。信仰心によって地上での労苦は報われる、勤勉で質素な生活を心がける、というテーマは、およそ支配階級に都合のいい、上から目線の教訓的なものでしたが、庶民、ましてや子どもが手に取れる本のなかった当時、多く読まれ、シリーズを重ねました。

　善いことをした子どもを表彰し、努力した子どもには具体的なご褒美を与えるというやり方は、ハンナが日曜学校で始めたもので、初めて教育を受ける子どもたちの心をとらえ、めざましい成果を出しました。

　日曜学校が急激に普及した背景には、英国全土を覆っていた産業革命の影響がありました。農村から都市部へ人口が流入し、工場労働者の需要が一気に増大。農場を捨てて町に出てきた人々にとって、子どもは家計を助ける大事な稼ぎ手でした。また、工場経営者からも、手軽に安く働かせることができる労働力として子どもが重宝されました。

　日曜学校は、子どもたちの休日に、宗教の力で飲酒や賭博、窃盗などさまざまな悪しき誘惑から引き離す、非行防止と管理の場でもあったため、大いに奨励されました。ネズビットの『宝さがしの子どもたち』には、学校に通わない子どもたちを教区ではない牧師が訪ねてきて日曜学校へおいでになりませんか、と誘う場面があります。

　讃美歌を歌わせ教義を暗唱させるだけの日曜学校もあれば、読み書きをしっかり教える日曜学校もあるなど、教育の程度には差がありましたが、公立小学校制度がなかった頃は、週にたった一日ではあっても教会という広く地域に根づいた場で宗教教育を通じて、多くの働く子どもたちに学びの場を提供しました。識字率の向上にも貢献しました。

　せっかくの休日まで自由を拘束されたうえ、長い説教と行儀を要求された日曜学校は、子どもたちにとって息抜きの場とはいえなかったようですが、それでも時折行われた同年代の子どもが一堂に集うクリスマスやピクニックなどの行事に加え、聖書を暗唱できたときには本や絵カードをご褒美にもらえるなど、家や仕事場とは違う楽しみがありました。働きづめの子どもたちにとっては日々のささやかな励みや喜びになったことでしょう。

非宗教団体による学校

◆デイム・スクール（おかみさん学校）

寡婦《かふ》などが生計を立てるために、少額のお金で子どもたちの面倒をみる学校。託児所代わりともいえました。

◆ラグド・スクール（ぼろ服学校）

ラグド（Ragged）とは、みすぼらしい、ぼろを着た、という意味。帰る家を持たないストリートチルドレンを収容しました。

　貧しい家庭では子どもたちの労働は家計の助けになったため、大半の子ど

デイム・スクールの様子。何も教えないデイムもいましたが、しっかり教えて子どもたちに慕われていたデイムもいます。

ロンドンにあふれていたストリートチルドレン。こうした子どもたちの状況を見かねて、さまざまな教育の場がつくられたのです。

1870年代のコレクティング・ボックス。ラグド・スクールに来る前と後と、同じ少年が劇的によく変化していることを写真入りで伝えています。（Rugged School Museum）

もたちが、家事や子守、工場労働の合間に学校に顔を出す程度で、途中でやめてしまう場合も多かったそうです。英国では教育は個人の領域で、国が口を出すことではないという風潮が伝統的にありましたが、一八七〇年の初等教育法から、国が責任を持つことになるのです。

学校が無料という屈辱

宗教団体による学校であれ、非宗教団体による学校であれ、無料の慈善学校は、読み書き・算数などの教育に加え、制服などの学校用品も無料で与えられました。革の半ズボンのような、慈善学校に行っているということがすぐにわかる制服が多く、それが子どもたちに屈辱的、差別的な意識を植えつけました。同じ労働者階級であっても少額でも、自分たちのお金を払って学校へ通わせているということにプライドを持っていた家庭の子どもたちは、無料の慈善学校に行っている子たちをいじめの標的にしました。

慈善学校という言葉は立派に聞こえますが、内情は、ディケンズの小説や『ジェーン・エア』などに描かれているように、みじめな思いをさせるだけの場所になりました。『ジェーン・エア』には教会の往復で疲れた幼い生徒たちが睡魔《すいま》に襲われ、椅子から転がり落ちてしまい、罰を与えられるという場面があります。

またジョーン・エイケン『ウィロビー・チェースのおおかみ』で、慈善学校に入れられたシルビアは、髪の毛を切られ、ポケットに番号のついた、茶色のオーバーロールを着せられました。慈善学校は、学校の仕事だけでなく、学校の外の仕事まで引き受けて、子ど

部屋には60～100人の子どもがいましたが、小さな薪ストーブが一つしかありませんでした。1896年の、一クラスの平均人数は40～50人でした。

Column

ラグド・スクール・ミュージアム

医者で博愛主義者のトーマス・バーナード（一八四五～一九〇五）が設立した、ラグド・スクールは、現在「ラグド・スクール・ミュージアム」として公開されています。バーナードはアイルランドから医者になるためにロンドンに来た際、子どもたちの育つ環境の劣悪さに愕然とし、一八六七年に学校をつくりました。当時、貧しい子どもたちのためにと作られた多くの慈善学校のなかでも、バーナード博士のこの学校の生徒数は最大でした。バーナードは、子どもたちが自立できるよう、大工仕事や靴磨きなどの技術も教え、カナダやオーストラリアなどの新しい土地でよりよい暮らしができるように孤児の養子縁組にもかかわりました。

一八七三年には女子の孤児院も設立。生涯、貧しい子どもたちのために尽力しました。一九〇五年に亡くなるまで、バーナードは九六の孤児院にかかわり、八五〇〇人以上の貧しい子どもたちを助けたそうです。その意思は引き継がれ、現在「バーナード」というNPO団体となっています。ダイアナ元妃は、生前、この団体の会長をつとめていました。

もたちにやらせます。「あたしたちはブラストバーンの町じゅうの洗たくものを半分もやってるのよ。そして、教育委員会の役人たちが視察に来るときには、あたしたちは教室へ入って、授業をうけているふりをするの」。夕食は、青白い色の脱脂乳か一杯のうすいジャガイモ入りスープのどちらかを選ぶという、ひどいものでした。

読み書き算数

必要なのは三つだけ／読み／書き算数／この三つ。

（チャールズ・キングズリー『水の子どもたち』芹一生訳）

各学校への補助金は、年に一度行われる「読み書き算数」（3R's: Reading, writing, arithmetic）の試験成績（下表参照）によって決められました。学校は一人でも多くの合格者を出すことに必死になりました。

また、教師の給料は何人の合格者を出したかで決まる「出来高払い制」だったので、子どもたちに言うことを聞かせて机に向かわせるために、教師はむち打ちという体罰を使いました。

《6年間の学校生活における、共通学力基準（1879年の改訂版）》（トレバー・メイ著『The Victorian Schoolroom』より）

	第一水準	第二水準	第三水準	第四水準	第五水準	第六水準
読み	1冊の本の短い文章を読むことができ、単語では一音節以上ある単語を読めること	初歩読本のなかの短い文章を、その意味を理解して読めること	より上級の読本のなかの短い文章を、その意味を理解して読めること	視学官が選んだ散文または韻文詩の数行を、その意味を理解して読めること	さらに上手に読めること	すらすらと、表現力豊かに読めること
書き	監督者が選んだ本のなかの一文に入っている単語を、石板かノートに書き写すことができること。また、口述した一般的単語をいくつか書くことができること	同じ本のなかの一文を、一度ゆっくり読んだあと、口述することができること。本の書き写し（量は問わず）をあらかじめやっておき、見せること	同じ本のなかの一文を、ゆっくり口述できること。本の書き写しをあらかじめやっておき、見せること（小文字、大文字、数字をきれいに書く）	読本のなかから、8行、ゆっくり口述できること。本の書き写しをあらかじめやっておき、見せること（小文字をよりよくすること）	二回読んで聞かせた短いお話の内容を記憶して書きだすこと。スペル、文法、ほかの人が読める文字が書けるかどうかもチェックされる	短い作文か手紙を自分で書くこと。スペル、文法、ほかの人が読める文字が書けるかどうかもチェックされる
算数	1000までの数字が書けて読めること。4桁までの足し算引き算ができること。6×12までの九九ができること	10万までの数字が書けて読めること。簡単な四則計算（足し算・引き算・掛け算・割り算）ができること。短除法ができること	100万までの数字が書けて読めること。長除法ができること。複数の通貨の単位を使って足し算・引き算ができること	複数の通貨の単位を使ってより難しい四則計算ができ、重さや長さの単位の変換ができること	小包の値段や簡単な割合といった実践練習	割合・分数・少数ができる

＊第一水準は6〜7歳で、第六水準は11〜12歳。1882年には第七水準が追加されました。
＊読みは、視学官が許可すれば、学校で通常使っている本でテストすることが許されましたが、書き込みがなく、ほどよい長さがあり多少難しいものでなければなりませんでした。
＊男子より女子のほうがあまい点数がつけられました。
＊重さや長さが教えられたのは実生活で必要だったからです。

教育という権威をふりかざしたむち打ちは、エリート教育を施すパブリック・スクールの教育方法を真似たもので、一八六〇年代には、陸、海軍にも導入されたほど、当時は普通に行われていました。当然、むち打ちに慣れていない労働者階級は体罰に抵抗し、学校ストライキもよく起こりました。

試験のためにひたすら暗記をさせるというやり方では人間性が育たないと主張する者も現れ、水準の内容は変化していき、一八九〇年代中頃には、博物館や美術館などを訪問する課外活動も推奨されるようになりました。

一八九六年、ロンドンで最も貧困地域といわれたオレンジ通りの学校に通う少年たちが、ロンドン動物園や水晶宮、ロンドン塔などを訪れた記録が残っています。

教師の給料の出来高払い制は、次第に風化していき、一八九七年に撤廃されました。

Column

世界文化遺産「ニューラナーク」

スコットランドの「ニューラナーク」は、英国の産業革命期の様子を知ることができる紡績工場です。水力発電を利用した紡績工場経営の先駆者リチャード・アークライト（一七三二～一七九二）の協力を得て、ニューラナークを建設したのがデイヴィッド・デイル（一七三九～一八〇六）でした。

従業員の数は、スコットランドの単一事業としては当時最大の規模だったそうで、その中心となったのは今では考えられませんが、子どもたちでした。当時は子どもが幼い頃から安い労働力として、時に過酷な労働にさえ携わることは当たり前だったのです。

しかし、ニューラナークがほかと違ったのは、寄宿舎、清潔な環境、栄養のある食事という好待遇を与えたことで、とくに子どもには教育も与えました。一七九九年、デイルは娘婿のロバート・オーウェン（一七七一～一八五八）に経営を引き継ぎ、オーウェンは今まで以上に子どもの教育を重視しました。低年齢の子どもの雇用や長時間労働の禁止、学習機会の保障を求めて工場法制定に尽力したのもオーウェンです。当時子どもは叩いて教えることが普通でしたが、オーウェンは叱らない、罰を与えないというモットーで幼児学校も設立。学校の見学者はあとをたたなかったそうです。

横を流れるクライド・リバーの激流は、水力発電による紡績工場建設に理想的でした。紡績工場だけでなく、当時としては恵まれた環境にあった労働者住宅も残っています。

時間はかかりましたが、労働者階級の貧しい子どもたちにも、等しく教育の機会が与えられるようになりました。

Column

一八七〇年の初等教育法（フォスター法）

国家主導でつくられたこの初めての教育法は、イングランドとウェールズが対象で、学区に公選制の学校委員会を置いて地方税で運営される委員会立の学校《ボード・スクール》をつくり、五歳から一三歳＊までの子どもたちの就学を義務づけました。しかし、「週九ペンスを超えないこと」という制限はありましたが無料ではなかったため、子どもたちの労働収入をあてにしている親からの抵抗はとくに大きいものでした。

一〇歳以下の子どもの就業を全面的に禁止して就学の義務化を徹底させるという一八七六年の教育法（サンドン法）では、欠席の多い子どもの親に罰金を科すと打ち出したため、抵抗は高まり、以後、たびたび地域ぐるみの学校ストライキが各地で起こりました。

一八八〇年の教育法（マンデラ法）で五～一〇歳の就学が強制になりました。就学率そのものは年々向上し、一八九〇年代前半には、一二～一三歳の子ども総数の七五％が学校に行っていたそうです。

＊一二歳、一三歳と書いてある研究書もあり。

Column

インド生まれのキプリング

『ジャングルブック』で知られるラドヤード・キプリング（一八六五～一九三六）は、父が美術学校の教師として赴任したインドのボンベイ（現・ムンバイ）で一八六五年に生まれました。インド人のナースや召使たちにかしずかれて育ち、ヒンズー語も話せるようになっていたといいます。

インド在住の英国人は二流とみなされており、子どもたちにはせめて英国での教育（可能であればパブリック・スクール）を受けさせてその差をなくしたいと思っていました。キプリングも英国で教育を受けるため、わずか六歳で、妹と一緒に、両親と別れて英国へ渡ります。知り合いの家で育てられ、一二歳のときにデヴォンにある新興のパブリック・スクール「ユナイテッド・サーヴィシズ・コレッジ」へ入学。この学校は、パブリック・スクールへ行かせるほどの経済力のない退役軍人たちが出資して創立したもので、キプリングはこの学校での体験をもとに『ストーキーと仲間たち』というパブリック・スクール小説をのちに発表しました。『トム・ブラウンの学校生活』と並び称される作品ですが、残念ながら邦訳はされていません。

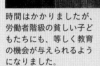

Column

植民地の子どもたち

ヴィクトリア朝下、英国は世界の覇権《はけん》を握り、植民地を世界各地につくりました。新天地に赴く親に連れられて、子どもたちも一緒に海を渡りました。二つの文化を生き、遠い故郷を思う子どもたちの物語がいくつも書かれました。

インド

インドの気候はたいへん悪く、たいてい子どもたちは、大きくなるとできるだけ早く、イギリスの学校に、つれていかれることになっていた。

（バーネット『小公女』）

『小公女』のセーラは、インド生まれです。インドに住む英国人の子女は学校に上がる年齢になると、淑女になるための行儀作法や勉強のために、本国の寄宿学校に預けられるのが常でした。

バーネットの『秘密の花園』（一九一一）のメアリーも、同じくインド生まれという設定ですが、メアリーの場合は両親の死により、親戚のいる英国へと送られたのです。

パンジャブを治めているのは英国であり、キムは英国人だからだ。肌は日に焼けてこの土地の人々と同じくらい黒く、土地のヒンドゥスターニー語を完璧に話し、一方、母国語の英語は片言で、おぼつかない一本調子、しかも、市場の少年たちと対等につきあっているが、キムは白人だ。

（キプリング『少年キム』三辺律子訳）

インドで生まれ育ったキプリングが描くこの小説からは当時のインドと英国の関係がよくわかります。英国領インドで英国人の孤児として生まれたキム少年は、貧しいながらも賢くたくましく暮らしていました。不思議な運命に導かれチベットのお坊さんと伝説の川を探す旅に行くなかで、キムはインドを狙うロシア、英国の諜報活動に巻き込まれてしまいます。

オーストラリア

一七七〇年に大陸の半分が英国領土になったオーストラリア。最初に送り込まれたのは囚人でした。ディケンズの『大いなる遺産』にも、脱獄囚のマグウィッチがオーストラリアに送られる場面が出てきます。

フィリス・ピディングトン（一九一〇～二〇〇一）の『南の虹』はオーストラリアの児童文学で、テレビアニメーション『南の虹のルーシー』の原作となりました。英国イングランドの農民の一家が、オーストラリアのアデレードで開拓する物語です。英国とは地球の裏側にあたるオーストラリアは遠く、移民たちは二度と故郷へ帰れない覚悟で海を渡りました。アメリカの西部開拓の苦労とはまた違う、過酷な暮らしが、英国移民とその子どもたちにのしかかりました。

カナダ

『赤毛のアン』で孤児院からアンを引き取ったマシュウとマリラは、スコットランドの移民の子孫という設定です。作者ルーシー・モード・モンゴメリ（一八七四～一九四二）の先祖もスコットランド移民です。舞台になったプリンス・エドワード島にはスコットランド系移民が多く、アンが住んだアヴォンリー村も同様でした。アンの物語には、スコットランド文化が描かれているのです。

政府の検察官が工場で働く少女たちを訪ねてきた絵です。後ろに控えている工場の現場監督官らしい男は、少女らが不利な告発をしないか心配しているかのような、不安げな表情です。

働く子どもたち

英国では長い間子どもは貴重な労働力でした。農家ではカラスを追い払ったり家畜を牧草地に連れて行くなど、子どもは幼いうちから働くのが当たり前でした。英国全土で工業化が進むと、子どもたちの仕事先は農業の手伝いから、工場や鉱山、都市へ変わっていったのです。

工場で働く

そして私は、たった十歳の身で、マードストン＝グリンビー商会にこきつかわれる、下働き小僧になったのである。

（チャールズ・ディケンズ『デイヴィッド・コパフィールド』中野好夫訳）

ランカスターやマンチェスターなどの工業地帯では、父親の工場勤務だけで生活をするのが厳しい状況になると、子どもたちは稼ぎ手として工場に送られました。子どもがあまりに幼い場合は母親が勤めに出ましたが、女性が働いたところで賃金は高くなく、かえって洗濯代と子守の費用がかさむだけで、生活にはあまり貢献できなかったのです（ヴィクトリア朝の初期から後期までこの傾向は大きく変わりませんでした）。

そのうえこの時代には、女性は家にいるべきとされ、母親が手に職を持ち、外で働くことは夫の面子《めんつ》をつぶす恥ずべきことと考えられていました。夫と

紡績工場で働く幼い少年たち。安価な労働力として長時間こき使われました。

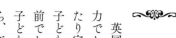

の離別や死別、あるいは夫の低賃金や失業、病気など、どうしてもというやむをえない場合のみ容認され、母親が仕事を辞めるのは子どもが工場で働けるようになり十分稼ぐようになったときでした。

初期の工場は機械自体が小さかったこともあり、機械を扱うのは主に子どもの仕事でした。小さな身体や指が細い隙間にも入るので重宝されたのです。やがて設備が大きくなるにつれて機械の操作は大人の仕事になっていきましたが、子どもは安価な労働力として残りました。

［上］ホップ畑の収穫をする農家の人々。農家でも子どもは貴重な労働力でした。
［下］山のように箱を作り続ける親子。カメラのフラッシュで明るく見えますが、実際はかなり暗いなかでの作業でした。たいした収入にならない内職でも仕事があるだけまだましといえるでしょう。

子どもは早ければ五歳、遅くとも七歳〜九歳になると工場に働きに出ました。子どもたちは換気の悪い、湿ったほこりっぽい工場で長時間同じ姿勢で労働を強いられたり、立ち仕事をさせられたため、どこかしら障害や不調を抱えていました。そして慢性的に睡眠不足でした。「工場で働く子どもは脊《せき》椎《つい》の奇形やくる病が多く、たいてい血色が悪くやせていて、年齢の割には小さい」と、工場を視察した経済学者のフリードリヒ・エンゲルス（一八二〇〜一八九五）はショックを受けています。

男女が狭い部屋で一緒に作業をすることから、女の子は悪意あるものたちの餌《え》食《じき》になりました。そうでなくても雇い主には少女の処女権すらあるとされ、拒めば解雇されることもあったといいます。

ロマン主義者が中心となって、子どもを救うために、国による規制を訴え、実効性のある最初の工場法が議会を通過したのは一八三三年。蒸気や水力で稼働するすべての織物工場（絹は除く）における九歳未満の子どもの雇用を禁止しました。加えて、九〜一二歳の子どもの労働時間を一日九時間もしくは週四八時間に制限。一八四四年の工場法では半日労働制度をつくったため、織物工場の子どもたちは半日働き、残りの半日は学校へ行くことができました。もちろん、通学義務を守らない工場主もいました。工場にとって安価に使える子どもは貴重な労働力であり、工場主は利益に比べればわずかな罰金など意に介さなかったのです。

　産業革命が行き過ぎた児童労働を生み出したという批判がありますが、産業革命以前から子どもたちは働いて家庭を支えていました。それが、工業化にともない、家庭外の工場で働くようになったのです。糸くず拾いや、切れた糸を撚り合わせてつなぐ、使い走りといった多くの単純な作業は、子どもでもすることができたので、労働力として確かに貢献しました。ただ、子どもたちの労働なしに織物工業が成り立たなかった、というのは誇張です。しかし、子どもたちが働くことで家庭の収入はあがり、子どもたちの福利は向上し、結果として、児童労働は減少していきました。一八五一年の国勢調査では、五～九歳までの子どもの九八％は雇用されていなかったそうです。

炭鉱で働く

炭鉱労働の現場では、児童の労働が早くから問題になっていました。工場の場合と同じく、安い賃金で働かせることができ、しかも小さくて狭い坑道《こうどう》に入り込めるという理由で、早ければほんの五歳くらいから働かされていました。

　時には一四時間もの長い間、光の射さない暗い穴のなかでたった一人でドアを開け閉めするだけの作業に従事させたり、背の立たないような低い天井の坑道を、重い石炭の入った車を押して行き来させられたのです。

　一八四二年に出された児童労働の報告書を受けて、鉱山および石炭鉱業法が制定され、ようやく一〇歳未満の子どもの労働が禁止されました。

　炭鉱の子どもたちには、親も教育を期待しておらず、ほんの少し書けて、不十分でもよいから読めればよいというくらいの水準にとどまっていました。

真っ暗ななかで、長時間孤独に耐えながら働いていました。

町で働く

救貧院で年季奉公に出す場合には、親方がちょっと試して見た上で、あまり食物を与えないで充分働かすことができるとわかったなら、何年かのあいだ、好きなようにその子をこき使って差支えない、という意味なのである。

（ディケンズ『オリバー・ツイスト』中村能三訳）

行商や物ごいなど、子どもたちは生きるためになんでもやりました。

都市部ではさまざまな子どもたちが働くことを余儀なくされていました。多くは親を亡くして身寄りがない孤児か、何らかの事情で家を出た浮浪児で、彼らは何とか食べて生きていくために、どんなことでもやったのです。とくにロンドンのような大都会では、ありとあらゆる仕事がありました。そのなかからとくに子どもが多く従事した仕事を紹介します。

道路清掃人

「あんた、どこ掃いてんの?」と、女の子はやっと言った。このころ、ロンドンの道路はひどいぬかるみになりやすかったので、人がよく渡るところには箒《ほうき》を持った子どもがいて、渡りたい人が来ると通り道をきれいにして、小銭をもらったりしていたのだ。

(ジョージ・マクドナルド『北風のうしろの国』脇明子訳)

道路清掃人は、道を横断する人のために箒で道を掃き、歩行人が服を汚さないで歩けるようにする仕事です。一九世紀の英国は都市部であっても道路事情が悪く、道路はぬかるみ、ゴミが散らばっていました。当時の長いドレスを身につけていた女性にとって、道路を横断するときは、彼らの存在が不可欠でした。

道路清掃人になるのは、たいてい身寄りのない子どもでした。彼らは人がよく渡りそうな四つ辻などに箒を持って立ち、渡りたい人がくると、きれいに掃いて小銭をもらいます。彼らにはそれぞれ自分の持ち場があって、うっ

水を飲む幼い道路清掃人。どんな天候の日も一日中立ちっぱなしで道路を渡る人を待つのは辛い仕事でした。

かり休んだりするとほかの子どもに取られてしまうので、少々体調が悪くても無理して仕事をしました。

泥ひばり

泥さらいをするのは、石造りの地下の部屋にいても暑くてたまらない日の早朝だけだ。なので、たいしたものは拾えないけれど、ぼくにはすこしでもお金を稼がなくてはいけない理由がある。

干潟の上で仲間とくつろぐ泥ひばりと呼ばれた子どもたち。

（デボラ・ポプキンソン『ブロード街の12日間』千葉茂樹訳）

ロンドンにはさまざまな拾い屋稼業がありました。木くずやくず鉄、骨や犬の糞《ふん》までも拾い、売ってお金にしたのです。そのなかで子どもが多く従事した仕事が川の泥さらいでした。ロンドンのテムズ川流域には多くの下水道が流れ込んでいて、排水溝付近にはさまざまな落とし物が流れ着きます。石炭、鉄くず、ロープ、骨（骨はボーン・チャイナの材料として需要がありました）などを潮が引いて干潟《ひがた》になったときに拾い集めるのです。彼らは泥ひばりと呼ばれ、たいていは親方について集団で作業をし、潮目を熟知した人が監視しました。

集めたものをくず屋に売っても、一日せいぜい一ペニーから多くても四ペンスほどの収入にしかなりませんが、食費のたしにはなります。泥ひばりになるのは孤児、あるいは、家族が極貧状態に陥って働くしかない子どもたちで、なかには女の子もいました。ロンドンでも最も貧しいとされる彼らの多くは、学校に行ったこともありません。

着ているものはボロがようやくぶら下がっているようなありさまで、冬も裸足で川に入り、工場の排水で足を温めて寒さをしのいでいました。

煙突掃除人

煙突のなかでつらい思いをしたり、腹がへったり、なぐられたりするとき、トムはいつも、世の中ってこんなものなんだ、雨や雪が降ったり雷が鳴ったりするみたいにどうしようもないことなんだ、と思うことにしていた。

（キングズリー『水の子どもたち』）

働く子どもの仕事のなかで、最底辺の仕事だと言われたのが煙突掃除でした。この時代の英国の燃料といえば石炭でしたから、どの家も煙突があり、煤《すす》を取り払ってくれる煙突掃除人が必要だったのです。とくに狭い煙突のなかに入れる、小さなやせた子どもが重宝されました。ディケンズの『オリバー・ツイスト』には、オリバーが救貧院から煙突掃除夫へ年季奉公に行かされそうになる場面があります。孤児院や救貧院、貧困家庭の子どもが厄介払いとして、煙突掃除夫の親方に売られる例は多くみられました。

煙突掃除の仕事は、怪我はもちろん、熱い煙突のなかで焼け死んだり、窒息したり、皮膚ガンになったり、煤《すす》を吸い込んで呼吸器を痛めるなど、大変な危険をともなう仕事でした。一八二九年に、法律で煙突のなかを上ることを禁止されるまで、この非道な職業は幼い子どもの仕事でした。汚れる仕事でありながら服はたいてい着たきりでひどく臭いました。

また、仕事のほかにも常に親方の暴力と空腹にさらされていました。あまりの辛さに盗みに入るなどして捕まり、刑務所で安全に暮らすほうを選ぶ子どもも多かったようです。

彼らの夢は、いつか自分も親方になって威張るということでした。『水の子どもたち』のトムは、大人になって自分が親方になったら、小僧を雇ってうんとぶん殴ってやるんだと夢想します。

最下層の煤だらけの煙突掃除人は差別の対象でしたが、一方で欧米文化圏では煙突掃除人の手と握手すると幸せになるという言い伝えがあり、一九六四年の映画『メリー・ポピンズ』で、ディック・ヴァン・ダイク扮するバートが「チム・チム・チェリー」を歌いながら通行人と握手して廻るシーンがあるように、幸運のおまじないでもありました。

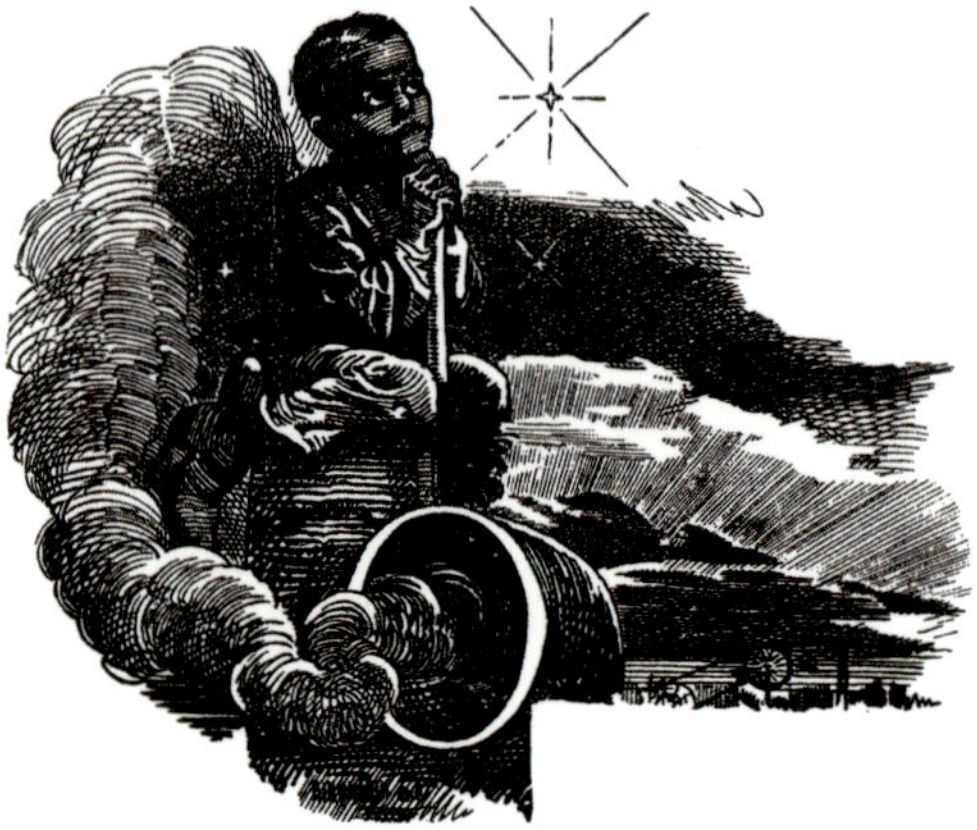
煙突掃除の子トムは、文字も読めないし、教会にも行ったことがない子どもで、顔中いつも煤（すす）で真っ黒けでした。『水の子どもたち』より。

子どもたちの食事

裕福な家庭の食事

裕福な家庭では、子どもは大人とは隔離され、ナースの世話によって子ども部屋《ナーサリー》を中心に生活していました。食事は、子ども専用の料理がキッチンで用意され、子ども部屋に運ばれ、両親とは別に子ども部屋で摂りました。子ども専用の料理を作るのは、キッチンの料理人です。子どもと大人の食事時間が違ううえ、子どもが食べるものに対してあれこれ口出しをしてくるナースともめることも多々あったようです。

子どもの食事は、味のよさよりも安全性、消化のよさが優先され、大変質素な――労働者階級に近いほどの――ものがふさわしいとされました。メニューはほぼ毎日同じです。バターつきのパン、ゆでたベーコンやハム、ゆでたプディング、ミルク・プディングのように煮てつくるプディングは定番でした。

野菜が極端に少ないのは当時の特徴です。栄養学が今ほど発達していなかった時代、ジャガイモ以外の野菜は栄養が少ないと思われていました。医者が生野菜やフルーツを子どもに与えないよう助言していたほどです。肉が少ないのは「獣欲」が目覚めることを恐れてのあえての制限だったとか。果物

当時の理想的といわれる家庭がどのようなものかがよくわかる、お茶の時間を描いた絵です。使用人を雇っている裕福な家では、子どもたちの１日の時間割はきっちり決まっており、時間に遅れると叱られ、食事抜きという罰がくだされました（悪いことをした罰も、ほぼ食事抜きでした）。

や野菜をひかえ、肉や魚や脂肪はわずかの、あっさりした食べ物ということで、炭水化物が主になったのです。

女の子の食事はとくに、自制心と禁欲、自己犠牲の習慣をつけさせるために少なくしていたようです。それはバーネットの『小公女』からもよくわかります。裕福だったセーラが、父と財産を失って学校の小間使いになります。院長から罰だといっては食事が抜かれ、空腹に苦しめられます。落ちていたお金でパンを六個買いますが、飢えている浮浪児を見つけ、悩んだ末に、私よりもずっと飢えているのだからと、五個もあげてしまいます。気高い精神的美徳を証明するこの場面には、まさにヴィクトリア朝の〝女性はこうであらねばならない〟という、当時理想とされた価値観が表れています。

朝食

ネズビットの『砂の妖精』で、子どもたちは砂の妖精・サミアッドから、朝ごはんに何を食べるかと聞かれて、卵、ベーコン、パン、ミルク、オートミール（ポリッジ）などと答えています。現代の典型的な英国の朝食は、すでにヴィクトリア朝末期には定着していました。

『鉄道きょうだい』では、バターつきパンにジャムを塗ろうとする娘に、お母さんがジャムかバターかどちらかにして、と言う場面があります。バターだけでも贅沢といえるのに、ジャムもつけているというのは、裕福な証拠です。都会から田舎に引っ越さざるをえなかったお母さんは、子どもたちにもう贅沢はできなくなったのよと、はっきりと伝えているのです。

昼食

『砂の妖精』での昼食を見てみると、羊の肉に野菜、ジャガイモ、プディング。ある日はひき肉料理とジャガイモ、プディングとあります。『魔よけ物語』では、缶詰のサーモンとレタス、ジャム・タルト。『魔法の城』には、子牛のひき肉とジャガイモ、ライスプディングとあります。

暖炉の火でソーセージをあぶって食べるトムたち。
『トム・ブラウンの学校生活』より。

お茶の時間

「小母さんの焼くじやがいもと來たらすてきだぜ。お茶に一ペニーづつ食べようや。」（中略）

「じや、ソーセーヂを一ポンド買はう。お茶にあれくらゐいい食べものはないね。」

（ヒューズ『トム・ブラウンの学校生活』）

お茶の時間は四時頃で、ケーキとバターつきパン、ジャムが定番でした。『魔法の城』でも、バターつきパン、ミルク、焼きリンゴが登場しています。『小公女』の作家フランシス・ホジソン・バーネットは自伝で、厚切りのバターつきパンは幼い子どもにふさわしいものでした、と回想しています。

　裕福な子どものお茶の時間は、単なるひとやすみの時間ではなく、社交の予行演習の場でもありました。アフタヌーン・ティーを含めて、お茶は社交の場として大人の世界で重要だったので、子どもたちはお茶の席でのマナーやルールを、遊びやナースを通して教

子どもがお茶を上手に扱えるよう、子ども用の茶器が流行しました。日傘に使っているのは日本傘のようです。日本的なものが“ジャポニスム”として当時英国で流行した影響でしょう。

食事の前に祈りを捧げる家族。1858年頃。
©Mary Evans Picture Library

わりました。

ある程度の年齢になると、実際の大人のお茶に同席もしました。とくに女の子は、アフタヌーン・ティーがしっかりこなせる母親になることが求められました。

子どもを対象にした商品が大流行したヴィクトリア朝には、子どもの手のサイズに合った小さな茶器が売り出されます。おままごと用、人形用のティーセットなど、さまざまな茶器がありました。小ぶりな子ども用の茶器はエドワード朝に大人気を博し、それは現在も衰えることなく続いています。

夕食

裕福な家庭の大人は、夜にディナーが待っていますが、子どもたちというと、六時から七時半くらいに、ミルクと、ビスケットやバターつきパンくらいの、ごく軽い夕食をもらうだけでした。『トム・ブラウンの学校生活』では、夕食はいつもの通りに七時に始まり、パンとチーズとビール（！）だったと描写されています。

田舎の農場の暮らしが描かれている、アリソン・アトリーの『農場にくらして』には、夜八時になるとスーザンはクリームのように濃い牛乳と、ドリッピング（焼いている肉から落ちる脂。販売されており、高価なバターの代わりにパンなどにつけて食べる）をつけたパンを一切れ食べてベッドへあがったと描写されています。

労働者階級の食事

労働者階級では大人と同じものを食べていたでしょう。一八八九年のヨークという町で現場監督という熟練の仕事に就く主人の家の一週間の食事内容が下の表です。これは労働者階級としてはかなりよい食事内容です。

極貧家庭の子どもたちの食事はというと、朝も夕食も、パンとトリクル（糖蜜）またはパンとバターに、茶（と呼ばれている飲み物）。昼も同じか、ときにゆでたジャガイモかキャベツに、ベーコンの脂かほかのドリッピングをこすりつけたパン、水という質素なものでした。日曜日は少しよい食事になりましたが、一家の働き頭である父親がまず優先されました。

パンが食べられるのならいいと思われるかもしれませんが、裕福な家では

《ある労働者階級の1899年9月24～30日までの献立表》（ジョン・バーネット著『PLENTY&WANT』より）

	朝食	昼食（ディナー）	ティー	夕食（サパー）
金曜日	トースト、茶	スープ、ダンプリング、肉、パン、茶	イワシ、パン、ミルク、茶	パン、チーズ、ココア
土曜日	ベーコン、パン、トースト、茶	肉とポテト・パイ、ジンジャーエール2杯	パン、バター、ペストリー、茶	パンとミルク、肉、ジンジャーエール
日曜日	ハム、ベーコン、マッシュルーム、ポリッジ、パン、コーヒー	ローストビーフ、ヨークシャー・プディング、ポテト、ビール	パン、バター、ペストリー、茶	パンとミルク、肉、フライド・ポテト
月曜日	フライド・ベーコン、パン、ポリッジ、茶	コールド・ミート、ポテト、ライス・プディング、茶、ジンジャーエール	パン、バター、ペストリー、茶	パン、バター、ペストリー、ココア
火曜日	ベーコン、パン、ポリッジ、茶	ハッシュド・ビーフ、ポテト、ライス・プディング	パン、バター、ペストリー、茶	パンとミルク、フライド・フィッシュ、ポテト
水曜日	ベーコン、パン、茶、ポリッジ	肉、スープ、パン、ダンプリング、茶	パン、バター、チーズ、ペストリー、茶	パンとミルク、魚、ビール
木曜日	ベーコン、パン、バター、マッシュルーム、茶	肉、ポテト、スープ、チーズ、パン、ライス・プディング	パン、バター、ペストリー、茶	セージとタマネギつきのヒツジの足、ポテト

主人が禁酒者なので、お酒は出てきません。表では昼食がディナーとなっています。ディナー（正餐）というのは、1日の食事のなかで一番ボリュームがある食事のこと。働きに出ている父親が家に戻り家族揃って昼食を摂るような場合、昼食は「ディナー」と呼ばれ、労働者階級に多いスタイルでした。昼にディナーを取っているので、夕食は軽くすませます。この軽い夕食を「サパー」と呼びました。裕福な家庭ではディナーは夜なので、軽い昼食は「ランチ」といいます。
ティーはお茶のことで、英国の上流階級で生まれた「アフタヌーン・ティー」の習慣ですが、ヴィクトリア朝の末期には、労働者階級でも午後にお茶の時間をもうけることが習慣になっていました。

肉や魚が主食でパンは副食。貧しい家ではパンが主食で、肉や野菜や果物を口にすることはほとんどないのが実情でした。ジャガイモやポリッジよりもはるかに栄養価の低いパンに頼らざるをえなかった労働者階級をさらなる不幸が襲います。石臼挽き《いしうすび》にかわって登場した新技術ローラーミルによって挽かれた小麦粉でつくったパンは、ビタミンB_1が驚くほど低く、貧しい子どもの多くが脚気《かっけ》になるという悲しい事態も引き起こしました。

家賃の高い都市部で労働者が住める部屋は狭く、貧しい収入をおぎなうべく妻も長時間働いていたので、自炊をする時間はなく、自炊をするにしても燃料代は高く、煮炊きの水の質もよくないため、ほぼ外で買ってきてすませ

狭く、設備が整っていない自宅では調理も難しいため、ロンドンにはたくさんの出店がありました。

Column

中流階級の豪華なごちそう

一八四九年生まれのバーネットは『バーネット自伝』に、「今日、英国の工業都市でさえ、若いひとをもてなすのに、その当時ほど豪華でたっぷりしたご馳走は出さないでしょう。当時は、アイスに、果物に、サラダだけといった程度ではありませんでした」と書いています。クリスマス・パーティーのときの最初のお茶は「バターたっぷりのマフィンやクランペット（小麦粉、ミルク、砂糖に水を加えてこね、丸形に焼いたホットケーキのような菓子）やサリーラン（小麦粉、ミルク、卵、砂糖にイーストを入れて焼いた丸形のケーキ）、ジャムやジェリーやマーマレード、干しブドウ入りのケーキ、エビや牛肉の壺焼き（魚や肉をバターやスパイスで炒め、肉汁などを加えて陶器製のポットに入れて固めた料理）、薄いバター付きパンやトースト、紅茶にコーヒーにビスケットが出て、食べきれなくてもおかまいなしに、すべて食べるように勧められるのです」と回想しています。

ホジソン家は綿工業で裕福になった中流階級だったので、子どものパーティでのごちそうもとくに豪華だったと思われます。しかしその後、アメリカの南北戦争で綿工業が大打撃を受け、ホジソン家は窮地に追い込まれ、英国を離れることになります。

ていました。家は、食べ物を作る場ではなく消費の場となり、消費するものは購入されるようになったのです。

まだ恵まれていた田舎

『ウィロビー・チェースのおおかみ』には、朝ごはんに、砂糖と濃い黄色のクリームを入れたポリッジのあとに、ジュジュジュッと焼けている大きなベーコンを数枚出してもらう描写があります。これは、都会から逃げた主人公が、かくまってもらった田舎の農場で温かく、豊かな食事を出されるシーンです。この物語はヴィクトリア朝が始まる頃が舞台で、貧しい状況は同じでも、田舎は野菜や、新鮮な乳製品が手に入る点で都会よりも恵まれていたことがわかります。

ヴィクトリア朝が終わった頃を舞台にした『よい子連盟』でも、田舎で暮らすことになった子どもたちが、家では出ない食事を出してもらって驚いています。ソーセージ・ロールやレーズン・ケーキ、アップル・ターンオーバー、ミツバチの巣、新鮮なミルクにクリーム……。そしてお茶の時間にはいつもチーズが用意されていました。

田舎では新鮮な材料が安く手に入ったので、食事の内容は、労働者階級であっても都会の貧しい人々に比べればずっとよいものでした。

ベーコン、ジャガイモ、ポリッジ

『図説 ヴィクトリア朝百貨事典』(谷田博幸著)によると、ベーコンは労働者の生活水準を量るバロメーターでした。ベーコンは労働者階級が食べるいやしいものとみなされていましたが、〝貧困と飢餓の時代〟といわれる一八四〇年代には、そのベーコンすら年に一度も口にできない人々がいたといいます。一八六〇年代以降、輸入ベーコンの価格の著しい下落によって、ベーコンが安く手に入るようになり、ベーコン・エッグにバターつきパンが広く普及するようになりました。

　ジャガイモ、そしてポリッジも、労働者階級が食べるものだとして裕福な家庭では敬遠されていましたが、安価なのに栄養価はとても高いので、ヴィクトリア朝の末期には、普通に食べられるようになっています。ポリッジは、カラスムギやオーツムギを水やミルクで煮詰めたおかゆで、オートミールとも呼ばれます。一八世紀に、イングランドでは馬の餌《えさ》にしているカラスムギを、貧しいスコットランドでは人間が食べていると皮肉られたこともあります。

　しかしスコットランドに近いイングランド北部ではポリッジは一般的な朝食でした。南部ではパンが主流でした。ディケンズの『オリバー・ツイスト』で、オリバーが育てられている救貧院で出るのは、パンよりも下に見られていたポリッジです。水のように薄く、しかもその量が少なくて、子どもたちはおかわりがほしいと思っています。オリバーはくじ引きに負け、ポリッジのおかわりをくださいと言ってしまったがために、救貧院を追い出されてしまうのです。

　ヴィクトリア朝も後期になると、栄養価が研究され、その成果が浸透して、食生活は改善されてはいきましたが、食糧不足と飢えは、ヴィクトリア朝を通して深刻な問題でした。

『オリバー・ツイスト』より。
ポリッジをもっとほしいんです……と訴えるオリバーでしたが……。

子どもの飲酒

トムはその時始めてビールを飲んだ。それはかれにとっては生涯中に特筆大書すべき日であった。

（ヒューズ『トム・ブラウンの学校生活』）


　これは、トムが一一歳でパブリック・スクールに入学した日の描写です。

　一九世紀半ば、ロンドンのような都市の大きな問題は、下水設備が不十分で「水」が悪かったことです。汚染された水や食べ物を摂取することで感染する「コレラ」は、一九世紀を代表する病気です。水が悪いので、病院でも病人にワインを出していたほどなので、家庭でも子どもに水ではなくビール（アルコール濃度は低かったようですが）を当たり前のように飲ませていました。一八三九年、ロンドンで一六歳以下へのアルコール摂取が法律で禁止されますが（国内全土で禁止になるのは一八七二年）、ビールは除外されています。

「イギリスの家庭のうち半分は、不幸

Column

食品への混ぜ物

ヴィクトリア朝後半になるまで、食品への不純な混ぜ物は大きな問題でした。都会で、安いものを作ったり、売ったりしている人が、ほかの材料を混ぜてかさ増しして偽装し、より多くの利益を得ようとしたのです。犠牲になったのは、安いものしか買えない貧しい労働者階級でした。

牛乳やビールを水で薄めたり、牛乳にデンプン、ワインに鉛を加えたり、ゆでたジャガイモに小麦粉を加えてパンを焼き、パンを白くするためには少量の石灰やミョウバンを入れました。ドングリやトネリコの葉を紅茶に混ぜ、砂を砂糖に入れたり……あげればきりがありません。

法令によって消費者が保護されるようになるのは、一八六〇年以降、ヴィクトリア朝も後期になってからのことです。

インスタント・フルーツエキスの宣伝カード。健康的で最高の材料を使っていると書いてありますが、実際はどうだったのでしょう。異国のフルーツは高価でしたが、ヴィクトリア朝後期からアメリカやカナダ、オーストラリアやニュージーランドといった海外から輸入されるようになり、瓶詰、缶詰、冷凍法などの食品の保存技術の発展も、英国の食卓を豊かにしました。

Column

ジョージ・クルックシャンク

挿し絵入りの本が登場し、普及する以前、人気があったのは風刺版画でした。ジョージ四世の摂政時代から、風刺版画は道楽と軽薄の時代を反映した毒のあるものでしたが、ヴィクトリア女王が即位してからは王室の面目は戻り、ユーモラスなエンターテイメント性が強くなります。こうした時代の流れを体験した風刺版画家（のちに挿し絵画家へ転向）が、ジョージ・クルックシャンク（一七九二〜一八七八）です。

一八二三年にグリム兄弟の『ドイツ民話集』の英語版が初めて出版された際、挿し絵をつけたのがクルックシャンクでした。それを見たチャールズ・ディケンズから、『ボズのスケッチ集』や『オリバー・ツイスト』の挿し絵を依頼されます。

子どもの本という分野が確立したヴィクトリア朝、クルックシャンクも、昔話に挿し絵をつけた子どもの本を発表し始めます。それは、筋を変え、禁酒の思想（アルコール依存症な子どもたちと、だらしない、みじめな親たちであふれている。それが、ワインなどのお酒――そう、ビールもそうだ――のためだというのを君たちは教わったことがないのかね？」

（ネズビット『宝さがしの子どもたち』）

この引用からわかるように、飲酒は労働者階級の犯罪、騒動、窮乏の主原因とされたため、禁酒、節酒運動が啓蒙活動として活発化しました。ヴィクトリア女王夫妻が節酒に賛同したことも大きな力になりました。

禁酒運動には、ブランデーなどの蒸留酒を禁じてもビールは容認する「節酒運動」と、ビールも含めいかなる酒類も口にしてはならない「絶対禁酒運動《ティートータリズム》」の二つがあります。

酒を飲み始めてからでは遅い、大人になってからでは遅い、ということで、対象は子どもにもおよびました。一八四七年にリーズで設立されて広がった「バンド・オブ・ホープ」は、最も成功した禁酒組織です。多くのバンド・オブ・ホープは教会と連携し、さまざまな催しを通じて子どもたちやその親を導きました。世の中は、児童労働を規制し子どもに自由に遊ぶ時間を与え

『トム・ブラウンの学校生活』より。
乾杯して飲んでいるのはビールです。

を脱却した自身の経験が影響）を盛り込んだ教訓的なものだったので、ディケンズからおとぎ話の改ざんだと非難され、不仲になりますが、クルックシャンクは強気の態度を改めませんでした。

クルックシャンクの絵の質の高さと才能は誰もが認めていましたが、子どもの本の世界でクルックシャンクの名は後世にまで残りませんでした。風刺性、自分の思想をあまりにも強く押し出しすぎたこと、グロテスクな絵柄だったことに問題があったのではないかといわれています。

1853年からクルックシャンクは“G・クルックシャンクのおとぎの国文庫”という名がついた挿し絵入り童話集の刊行を始めます。

ようと動いていたので、バンド・オブ・ホープのような啓蒙的禁酒組織の活動がサブカルチャーを提供することに一役買ったのです。

ネズビットの『よい子連盟』で、タバコを吸う義勇軍の大佐に、子どもたちが「タバコなんか吸って」と文句を言うと、「君たち、幼年禁酒団《インファント・バンド・オブ・ホープ》だったらよそへ行ってくれ」とけむたがられる場面があります。

アルコールのかわりに飲むことを推奨されたのが「お茶」でした。東洋からはるばるもたらされる、珍しくて高価なお茶は、ヴィクトリア朝には労働者階級にも手の届く値段になっていました。禁酒運動の高まりと、公衆衛生の進歩、下水道設備の普及で水が安全になったこともあり、お茶は国民的飲料になりました。食事とは別の「お茶の時間」が、くつろぎやおもてなしとして、生活に組み込まれていきます。

子どもたちの楽しみ

ロンドンには魔よけやサミアッドの助けをかりなくたって、おもしろいものはいくつもあるのです。たとえば、ロンドン塔、国会議事堂、国立美術館、動物園、さまざまな公園、サウス＝ケンジントンのいくつもの博物館、マダム・タッソーの蝋《ろう》人形館、キューにある植物園をおとずれることができます。キューには川を走る蒸気船に乗っていくことができ――子どもたちがキューをおとずれるときはこのコースになるはずでした。

（ネズビット『魔よけ物語』八木田宜子訳）

余暇の拡大

ヴィクトリア朝後半、労働者階級の休日が増えました。一八六七年以降、ほとんどの工場が土曜半日休となり、一八七一年にはそこに年四回の銀行《バンク》休日《ホリデー》が加わり、労働者階級であっても、週末や休日を〝楽しみのための時間〟に使うことができるようになったのです。休日の娯楽を楽しむにはお金が必要ですが、この頃には労働者階級の賃金も上昇していました。生活水準が向上して、余暇時間が増えると、レジャーがさかんになります。せっかくの余暇時間を酒に使われないよう、さまざまなレクリエーションを提供し、それを行える広い場所が必要だということで、篤志家《とくしか》らの努力によって、動物園や美術館、博物館などが開設され、公園も整備されていきます。

階級差は依然として大きいものではありましたが、労働者階級であっても日帰り旅行くらいはできるようになりました。

一八七五年のアメリカの児童雑誌『セント・ニコラス』には、ロンドンの子どもたちの日帰り旅行についての記事があります。

「ロンドンの貧しい子どもたちはほとんど旅行というものはせず、数マイル離れたところへ行くのがせいぜいだった。一ペニーで乗れる蒸気船で日帰り旅行にでかけることは一年に一度あるかないかの、すばらしい出来事だろう。人気の旅行地はキュー。もしロンドンへ行くならぜひロンドン橋から蒸気船に乗ってキューへ行ってみてほしい。

キューの桟橋のまわりには子どもたちが腰を落ち着けることになる、たくさんのティー・ガーデンがある。「ティー九ペンス」「お湯」という看板がかかげられているこのティー・ガーデンは、一人二ペンスか四ペンスを徴収し、お湯をわけてくれ、テーブルと椅子も使わせてくれる。両親はバスケットいっぱいに食べ物を持参し、キュー植物園を散策した子どもたちは食事のときには戻ってくる。キューのまわりにはすてきなホテルがたくさんあり、一人八シリングでディナーが食べられるが、ボートで来た多くの労働者家族は自分たちが持参する食事に満足し、楽しんでいる。帰りは電車の三等席で帰るのだ」

市へ行く

通りには人があふれていました。きょうは市日だったのです。（中略）売り手は、品物の名をよばわり、買い手は、屋台のまわりをかこんでおしあいへしあいしていました。乳製品、やさい、魚、貝などが、台にのせた板の上にならべてありました。

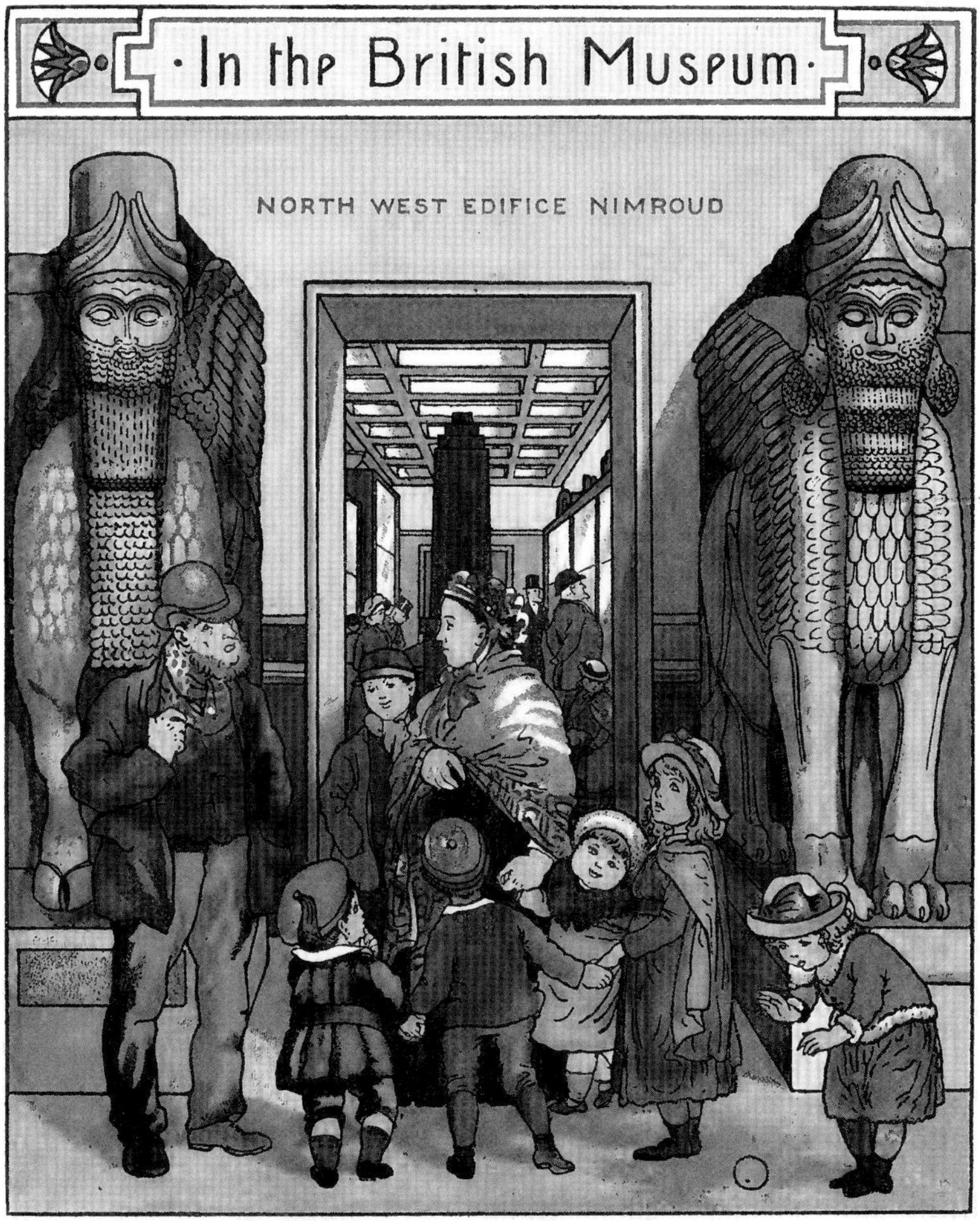

［上］大英博物館。万国博覧会で多くの人がロンドンを訪れ、それにともなって、ロンドンの観光案内書も出版されました。大英博物館、セント・ポール寺院、ロンドン塔などは、その当時からすでに観光地として有名でした。
［下］ティーガーデンでくつろぐ家族。（Cha Tea 紅茶教室所蔵）

［上］定期市は商品を売っているだけでなく、子どもたちが喜ぶブランコやメリーゴーラウンドなどの遊具もあったので、家族連れで賑わいました。
［下］グリニッジの定期市。

（ビアトリクス・ポター『こぶたのロビンソンのおはなし』まさきるりこ訳）

蒸気船で出かける人気の行楽地として、グリニッジの定期市《フェア》もありました。フェアというのは、一年に一度か二度行われる定期市のこと。馬市、家畜市、羊や豚の市、チーズ市、金物や皮革の市などがあり、催しも同時に開催されていたので子どもたちにとっても楽しみの一つでした。

　毎週開かれる市もありました。ネズビットの『魔法の城』で、子どもたちは毎週金曜日に広場で開かれる市を訪れます。「屋台や日よけや緑色のかさがすえられて、鶏やアヒル、豚肉、瀬戸物、野菜、布、お菓子、おもちゃ、道具類、鏡、そのほか、あらゆる種類のほしくなる商品が売られます。品物は、組んだ脚の上に置いたテーブルに並べられたり、荷馬車の上に積まれたり、また、金物や瀬戸物の場合のように、市場のむきだしの敷石の上に広げられたりするのでした」と描写されています。別の章では、子どもたちは魔法で透明になったメイベルを連れて市へ行き、メイベルを使って手品に見せかけた余興でお金を儲けました。

博物学の流行

　一七〜一八世紀、英国は、大航海時代の先頭をいっていたオランダやポルトガル、スペインを押しのける勢いで、アジアやアフリカ、南北アメリカといった新大陸へ進出し、さまざまなものを持ち帰りました。大英博物館ができたのは一七五三年。人々は遠い未知の国から運ばれてきた動物や昆虫、植物、文化遺産などにくぎづけになりました。

　一八世紀の後半から、英国では「ピクチャレスク」という美意識が広まりました。ピクチャレスクとは、〝絵になるさま〟〝絵のように美しいさま〟という意味で、それまではわざわざ遠くイタリアまで行って美や芸術を味わっていた英国人が、自分の国のなかで認識しようとしました。この美意識が、博物学の流行をさらに加速させました。異国の動植物だけでなく、自国内のものにも関心の目が向いたのです。当時の植物学は、細分化されておらず、主として動物、植物、鉱物などを調べて記録するものでした。

　あらゆる階級の人々が、動植物の採集とコレクションに熱中します。階級の高い人にとっては知的に外の世界を知る喜びを、低い人にとっては採集と研究をまじめにやることで自分が向上できるという喜びを得ることができました。『博物学の黄金時代』(リン・バーバー著)には、一八二〇年から一八七〇年までが博物学の黄金時代で、大衆レベルで博物学がこれほど熱狂の対象となったことはかつてなかったとあります。『水の子どもたち』の作者チャールズ・キングズリーは博物学者でもあり、子どもの頃、博物学好きは変わり者と見られていたと回想しています。それが、シダやキノコの名の二〇くらいはすらすらということができる娘は珍しくなく、新聞には博物学専門の欄ができるほどになったのです。博物学の本の売れ行きはディケンズの小説群に迫る勢いでした。

　ヒュー・ロフティング(一八八六〜一九四七)の「ドリトル先生」シリーズのドリトル先生は、動物語を話すことができる医者ですが、同時に博物学者でもあり、先生の庭にはさまざまな動物が住んでいます。『進化論』のチャールズ・ダーウィン(一八〇九〜一八八二)も博物学者でもあり、ドリトル先生は〝あの若いチャールズ・ダーウィン〟と言っているので、ドリトル先生のほうが年上なのです!

　自然史作家として知られるジョン・ジョージ・ウッド(一八二七〜一八八九)が一八五〇〜六〇年代にかけて次々に出した博物学の本はとくに人気があり、

裕福な家庭の敷地内には森や川、家庭菜園や観賞用の庭園がありました。子どもたちはそこで自然に触れることができました。

子ども向けの本も数多く出版して児童書出版界に影響を与えました。一九世紀の終わりには、動物学、鳥類学、植物学、海洋生物学といったテーマが、児童書の市場にも登場し始めます。

「おまえは動物かい——植物かい——それとも、鉱物かい」。『鏡の国のアリス』で、アリスを見たライオンが言った言葉です。動物、植物、鉱物という見方はこの時期の博物学の流行で生まれたものです。この物語には、実際の動物だけでなく、作者が創りだした生き物もたくさん登場し、大きな魅力を放っています。

家庭のなかでの博物学

ネズビットの『鉄道きょうだい』で、子どもたちは自分たちの庭を手に入れて、好きなものを植えた、という描写があります。『宝さがしの子どもたち』では、子どもたちは家庭新聞を作って遊びます。新聞には、園芸欄があり、種と球根について書かれています。

部屋のなかを見渡せば、蝶の標本、鳥の剝製《はくせい》、貝殻の絵やコレクション、ガラスの水槽《アクアリウム》やシダのケースなど、博物学と関係あるものを何も置いていない客間はひとつもありませんでした。『宝さがしの子どもたち』で、家のガラスの戸棚にはアヒルをくわえたキツネの剝製があったと描写されています。また、『トムは真夜中の庭で』にも、ハティの家の玄関ホールの張出し棚に鳥や動物の剝製を入れたガラスのケースが高く積み上げられていました。

ビアトリクス・ポターは、子ども部屋でウサギやネズミなどの小動物をたくさん飼っていて、得意の絵に描きました。避暑地で死んだ動物を見つけ、持って帰って煮て解体し、骨格を観察して描いてもいます。シダやキノコといった菌類の研究にのめりこみ、論文まで書くほど専門的でした。博物学は女性のたしなみでもあったのでビアトリクスの熱中ぶりは珍しくはありませんでしたが、当時は女性というだけで学術界から締め出されていました。

動物園

ロンドン動物園は、世界で一番古い歴史を持つもので、動物学協会によって一八二八年にリージェンツ・パークの一部に開設されました。エミュー鳥やカンガルー、ラマ、ホッキョクグマ、オオカミ、ペリカン、シマウマに大蛇など、英国が世界の植民地から集めた珍しい動物を観ることができました。一八三五年には最初のチンパンジーがやってきます。

動物園は子どものためだけでなく、大人にとってもレジャーや社交の場になっていました。もの珍しさで見世物になるだけだった異国の動物は、調教され、子どもたちを楽しませるエンターテインメントとしてのサーカスへと発展していきます。サーカスは子どもの教育に悪いと反対する宗教団体もありましたが、それも19世紀末には収束したようです。

Column

ジャンボを救え！

ゾウに乗るのもすばらしいのですが、ほんのちょっとしか行ってくれなくて、またもどってきてしまい、いつもつまらないのです。

（ネズビット『魔よけ物語』）

当時有名なゾウはジャンボでした。一八六五年にパリの動物園から、サイと引き換えにロンドン動物園に移されたオスのアフリカゾウで、ヨーロッパで初めて人々が目にした生きたアフリカゾウでもありました。ロンドン動物園でジャンボという名前をつけられ、人を背中に乗せる実演で大変な人気を得ました。一八八二年、「地上最大のショウ」をうたい世界中を巡業したサーカスの所有者P・T・バーナムに二〇〇〇ポンドで売り渡されてしまったので、英国の人びとは憤慨し、悲しみ、この売買を止めるキャンペーンがなされましたが、成功しませんでした。

ジャンボはアメリカへ移され、バーナムのサーカスの目玉となりました。映画『グレイテスト・ショーマン』（二〇一七）は、このバーナムをモデルにしており、映画のなかに登場するゾウはきっとジャンボです。

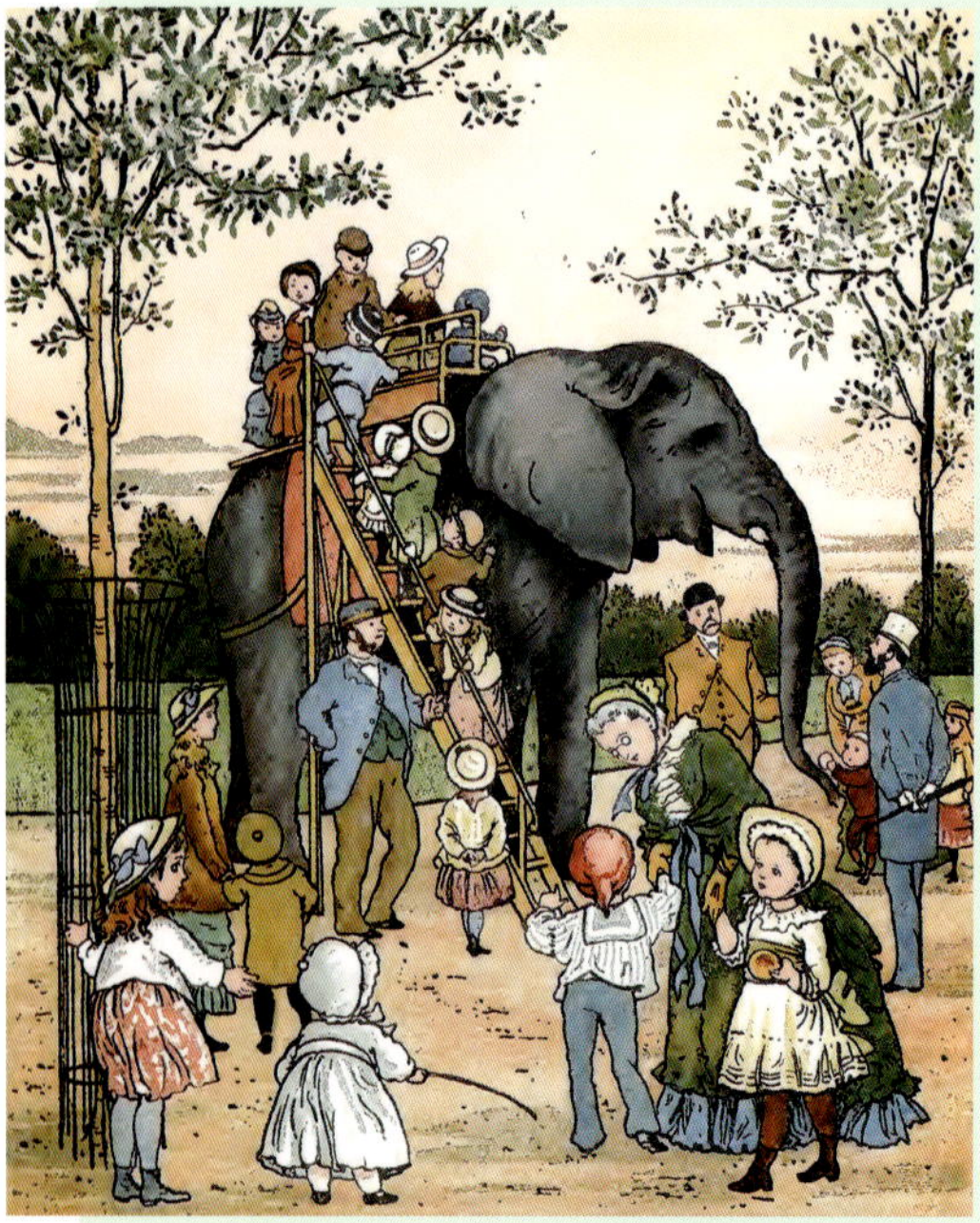

ロンドン動物園のジャンボ。
ジャンボのファンはさまざまな商品を生み出し、ジャンボという名前は“巨大”を意味するようになりました。

当初は会員制で、入場できるのは上流階級に限られていたため、動物園は上流階級がおしゃれをして出かける社交の場でした。一般に開放されたのは一八四七年。一八四九年に世界初となる爬虫類館、一八五三年には世界初の水族館を併設し、子どもたちにとっても、大人にとっても、知的好奇心を満足させる、あるいは教育の場としても人気を集めました。

一八八三年出版の『小さな子どもたちの半日休暇の冒険』（エヴリン・カニンガム・ゲイキー著）には、ダマジカ（シカの一種）のことが次のように書かれています。

「お休みの日に、みなさんが喜んで行きたがる動物園で見られますよ。ダマジカはブリテン島には生息しておらず、西アジアからやってきました。アカシカほど気性が激しくないので、あちこちのパークで放し飼いにされていて、公園の美しい風景をさらに高めています。次に動物園に行ったときにはビスケットやリンゴをあげてどれほどダマジカが人懐《ひとなつ》こいかよく観察してみてください」。

家族揃って、これから劇場へパントマイムを観に行くのでしょうか。

劇場

かつては明らかに大人向けの娯楽だった劇場は、子どものためにも門戸を開いていきます。現在でも子ども向けのクリスマスの定番である「パントマイム（おとぎ芝居：いわゆる無言劇ではない）」はそのいい例です。『セント・ニコラス』誌には一八八七年のクリスマスにパントマイムを観に行った記者の記事があり、クリスマス・プレゼントのない家でのクリスマスが考えられないように、パントマイムのないロンドンのクリスマスは考えられない、と始まり、ロンドンで一番すばらしいパントマイム劇場はドルーリー・レーンだとし、そこで観た『アラジン』の様子を事細かに描写しています。また、クリスマス時期を逃しても、パントマイムは二月まで観ることができるとも書いています。

パントマイムの題材としてとくに好まれたものとしては、『アラジン』『シンデレラ』『ジャックと豆の木』『ロビンソン・クルーソー』といったおとぎ話や冒険物語をもとにしたもの。ガス照明から電気照明へと時代は変わり、舞台装置の改良もともなって、ヴィクトリア朝後期には舞台の道具や役者の衣装の立派さを見せるエンターテインメントとしての要素も競われました。英国へ留学していた夏目漱石も、『ロビンソン・クルーソー』や『シンデレラ』のパントマイムを鑑賞しています。

一九世紀、クリスマスはもっぱら家庭で楽しむ祝日になっていたので、劇場は家族向けの娯楽の場として人気で

した。子どもを視野に入れ、さまざまなジャンルの演目が開発されました。

　ネズビットの『火の鳥と魔法のじゅうたん』で、ロバートが「ブールシェールさんはいつもすごい芝居を見せてくれるんです。去年の『いかれ頭のピーター』はすごかったですよ」と言う場面があります。ブールシェールさんというのはおそらく興行主（劇場の所有者と興行主は違う場合が多かった）でしょう。何度も劇場に足を運んでいるのが、このセリフからも読み取れます。火の鳥はロバートたちと一緒に劇場へ行き、演目に興奮して火事を起こしてしまいます。

　同じ『火の鳥と魔法のじゅうたん』に、両親が子どもたちのためにガリック座のボックス席を取ったと話す場面もあります。「これはね、あなたたちだけで『水の子』のお芝居を見るっていうことなのよ。お父さんとわたしが送り迎えをしますからね」。ガリック座の代表作の一つに、キングズリーの『水の子どもたち』をベースに一九〇二年に上演されたおとぎ芝居「水の子」があります。『火の鳥と魔法のじゅうたん』は一九〇四年に出版されているので、それまで上演が続くほど好評だったことがうかがえます。

クリスマスにパントマイムを観に行ける子どもは裕福な家庭の恵まれた子どもでした。
劇場の客席は上から下まで、子どもたちの顔で埋め尽くされており、みな、オーケストラに合わせて合唱しました。

Column

パンチとジュディ

人形芝居の「パンチとジュディ」を見物したりして（中略）ようやく私たちの気分も晴れてきました。
（ネズビット『宝さがしの子どもたち』）

「あたしの一生で、今日はいちばんすばらしい日だったからね。あたしは、ぜったい忘れないよ。ぜったい！ パンチとジュディの人形しばいは、すごくおもしろかったね！」
（ジョーン・エイケン『バターシー城の悪者たち』大橋善恵訳）

『パンチとジュディ』は、三角帽、大きなかぎ鼻にしゃくれあご、背中にこぶを持つ小男パンチと、妻ジュディが繰り広げるドタバタの人形芝居で、子どもたちに親しまれました。街頭、公園、夏の海岸などの、屋外につくられた簡易舞台でよく上演され、裕福な家庭でのパーティの余興にもなりました。もとは一七世紀のイタリアの人形芝居で、フランスの人形芝居などと混ざり、英国ならではのものになったとされます。

喧嘩《けんか》をして妻ジュディを棍棒《こんぼう》で打って死にいたらしめたり、赤ん坊を窓から放り出したり、警官や医者を殴ったりと、かなりの乱暴者で、子ども向けとはいえない内容なのですが、時代を通して人々をひきつけました。パンチとジュディが描かれた商品はコレクションとしても人気を集め、子ども向けの読み物にも登場するようになり、内容も子どもにふさわしいやわらかいものに変わっていきました。

公園でパンチとジュディの劇を見る子どもたち。20世紀になっても人気は衰えることはありませんでした。

Column

「ピーター・パン」は劇場から始まった

ディズニーのアニメーションにもなった「ピーター・パン」は、スコットランド生まれの作家J・M・バリが戯曲として書いたもので、初演は一九〇四年。しかし、お話のモデルとなる子どもたちと知り合ったのは一八九八年頃。バリはケンジントン公園を散歩中、ナースと一緒に来ていた男の子たちと知り合い、仲のいい遊び相手になります。この男の子たちと過ごした夏の休暇が、ピーター・パンの誕生につながったのです。

大人向けの戯曲ばかり書いていたバリが、子ども向けの空想劇を書こうと思ったのも、男の子たちをパントマイムに連れていったことがきっかけでした。ピーター・パンが本として出版されるまで、ピーター・パンの劇は大評判で、途切れることなく上演されていました。そして今でも名作として名を残しています。

嫡子のいなかったバリは、脚本も書籍も含めた『ピーター・パン』の印税と著作権料をすべて、ロンドンのグレート・オーモンド通り子ども病院へ寄付しました。病院が存続する限り有効としたこの〝ピーター・パンからの贈り物〟は現在も有効です。映画『ファンタスティック・ピーターパン』(二〇一五)は、この子ども病院を舞台にしたファンタジーです。

『ピーター・パンとウェンディ』より。妖精の粉のおかげで飛べるようになったウェンディ。ピーターやウェンディが空を飛ぶシーンは劇場では大きな見せ場になりました。

Column

『不思議の国のアリス』の舞台化

『ルイス・キャロル伝』（モートン・N・コーエン著）によると、作者のルイス・キャロルが、『不思議の国のアリス』の舞台化を考え始めたのは、一八六七年。二七人の子どもが出演したクリスマスの音楽劇《エクストラヴァガンザ》を観たのがきっかけでした。キャロルがそれまで観た子どもが演じる芝居をはるかに超えるものだったため、舞台裏の見学まで行ったほど。その後、劇場の支配人に『不思議の国のアリス』を贈り、パントマイムへの脚色依頼を期待しましたが実現せず、ほかのルートを当たっても失敗しました。

九年後の一八七六年には、素人による戯曲版『不思議の国のアリス』の上演を許可し、観に行っています。やはり演劇の可能性があると感じたキャロルの夢が実現するのは一八八六年で、『不思議の国のアリス』のオペレッタ版の話が来ました。キャロルがこれだけは妥協しないとした条件は品位を欠くもの、下品さを連想させるものを挿入しないことでした。

長いやりとりの末、『不思議の国のアリス、子どもとその他の人びとのための二幕の夢幻音楽劇《ドリーム・プレイ》』は一二月二三日のクリスマス休暇の初日に、プリンス・オブ・ウェールズ劇場で、昼の部を皮切りに開幕しました。評判はよく、一八八七年二月二六日に閉幕後は、英国の主要な地方都市を巡業し、成功を収めました。翌一八八八年のクリスマスには改善版が上演され、これも絶賛されました。

一八八九年に、一〇歳以下の子どもの劇場での公演活動を全面的に禁止する児童虐待防止法が検討された際、キャロルは禁止ではなくきちんとした管理下で行うべきと意見を述べました。全面的な禁止は、子どもの出演料に負う貧しい家庭には痛手になり、俳優という健康的で無邪気な仕事ができない子どもたちに悲しみを与えるというキャロルの主張には賛同する人も多く、結局全面禁止にはなりませんでした。

キャロルは子どものときから家で素人芝居に興じたり、人形劇（人形を操り、芝居も自分で書く）で家族を楽しませていました。オックスフォードで就職後は、劇場に好意を寄せない父親には賛同せず、劇場に通い続け、教育的にも演劇はよいものだと支持しました。一八八二年には新聞社に演劇学校への支援を呼びかけ、それが『ロイヤル・アカデミー・オブ・ドラマティック・アート』の開校へとつながっていきます。

1887年に『セント・ニコラス』誌に掲載されたアリスのパントマイムの様子。アリスが大きな木の下の椅子でうたたねをしていて夢を見ているところから舞台は始まります。舞台に不思議の国、そして鏡の国の物語に登場するキャラクターが続々と登場しました。

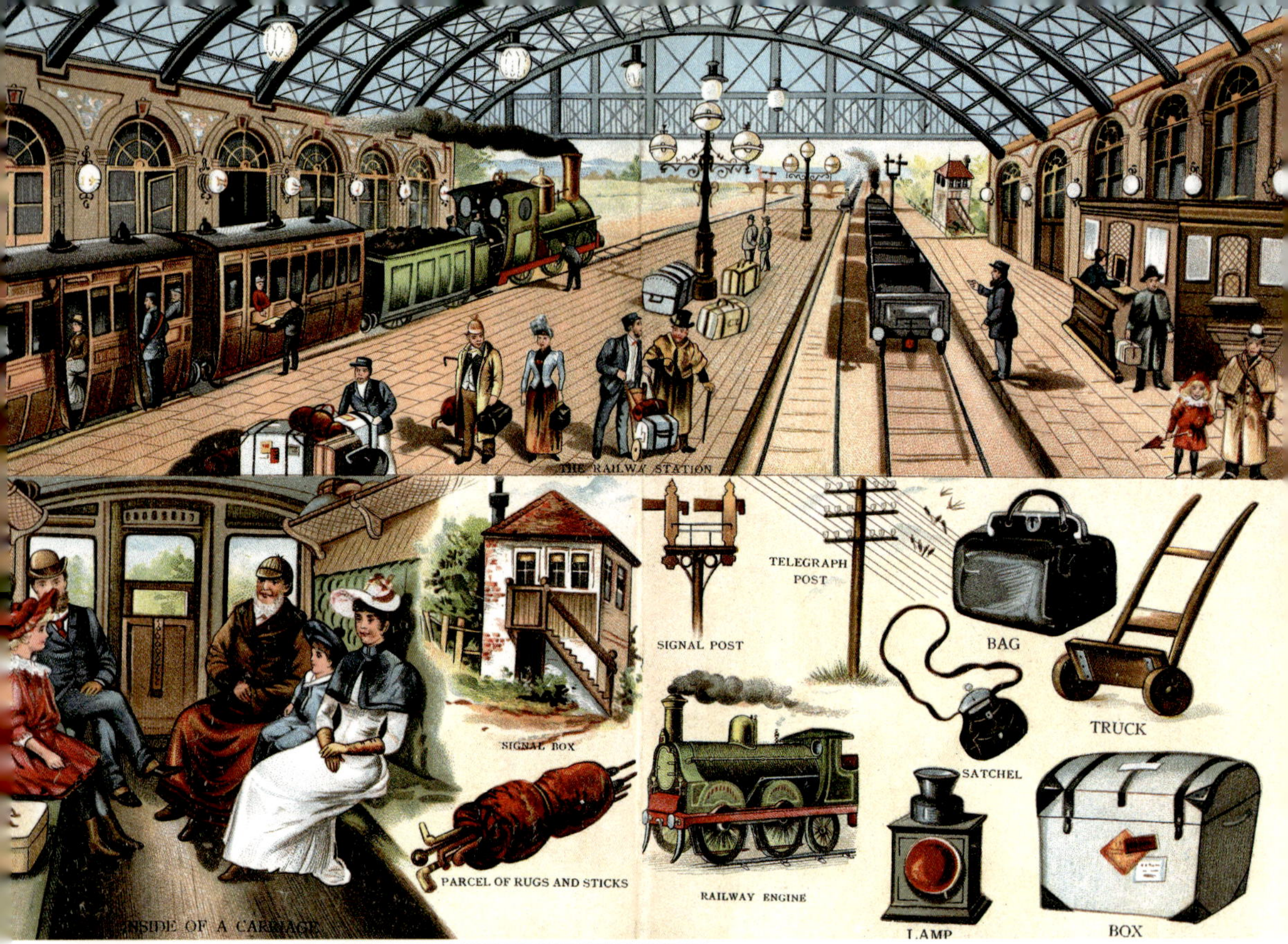

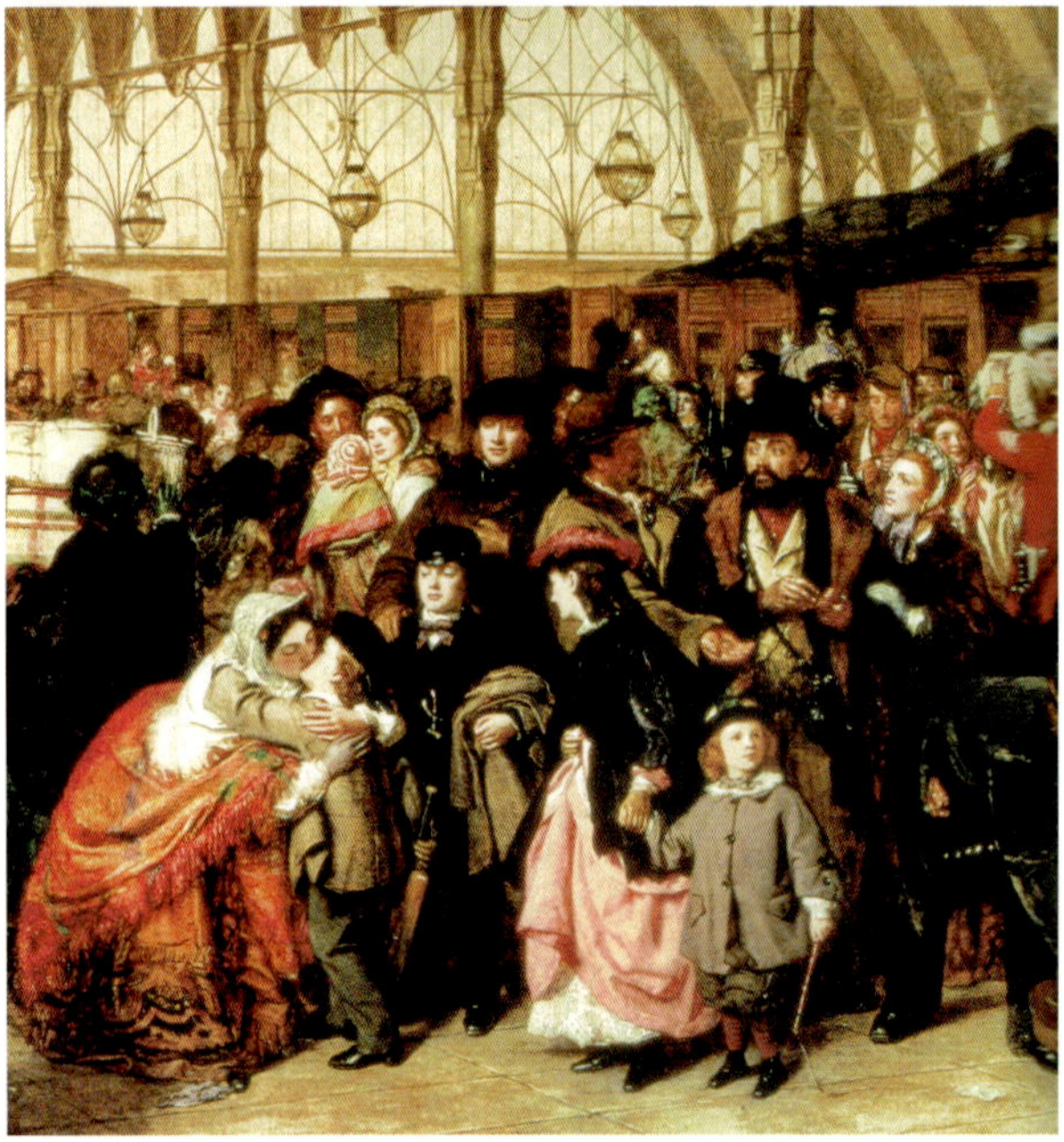

子ども用の絵本には駅の様子がわかりやすく描かれています。実際は下の絵のように、利用する多くの人でごった返していたことでしょう。

鉄道の普及

いまではロンドンからマンチェスターまで、わずか四時間一五分です。
（ネズビット『宝さがしの子どもたち』）

近場への行楽が身近になった要因には、鉄道の普及もあります。一八三〇年、旅客列車も蒸気機関車が牽引《けんいん》する、世界で初めての鉄道が開通しました。

リヴァプールとマンチェスターを結ぶLMR（リヴァプール・アンド・マンチェスター鉄道）です（運河や道路に不満を持っていたリヴァプールやマンチェスターの商人たちが立ち上げた鉄道会社だったので、目的は人を運ぶためではありませんでしたが）。

一八三六年にはロンドン・グリニッジ鉄道が開通。一八四〇年代に入ると鉄道が優位にたち、馬車と運河の時代は終わりを迎えます。〝モンスター・トレイン〟と呼ばれた鉄道の建設ブームによってロンドンから各地へ線路がどんどん延びていきました。一八四二年には、ウインザー城に滞在していたヴィクトリア女王が夫のアルバート公とともに、最寄りの駅からパディントン駅まで特別列車に初めて乗車。馬車での旅が慣習だった王室が列車を使ったことは、鉄道の勝利を意味するものでもありました。

人々は移動手段としても鉄道を当たり前に使うようになります。鉄道のおかげでより遠くへ出かけることが簡単になり、料金についても、従来の交通機関より安く、休日には行楽客のための特別料金も設けられました。

海岸へ！

三年まえ海岸へ行ったとき、砂を掘るのに使ったシャベルを見つけました。と言っても、きゃしゃな、穴掘りには役立たない、赤ん坊じみた、木製のシャベルではなくて、鉄製のりっぱなシャベルでした。（中略）わたしたちは海岸へ、たとえ一番近いシアニスでも、避暑にはいかないことにしていました。それというのも、まず第一にお金がかかります。けれども、わたしたち以外のひとはみんな行きました。

（ネズビット『宝さがしの子どもたち』）

一八世紀に上流階級の間で人気があった保養地はバースなどの温泉地でした。そこに押しかけてくるようになったのが産業革命で経済力を手に入れた中流階級です。これを嫌がった上流階

初めて海を見る人々の表情にご注目ください。鉄道開通以後、労働者階級が海岸保養地へ行けたとしても日帰りか、せいぜい一泊が限度で、海岸保養地での長期休暇は中産階級以上の特権でした。

［中央］海辺に集う家族の様子がよくわかります。右端に見える横縞の服が、当時の水着です。左図のような、女の子向けの水着もありました。

石鹼の宣伝カード。おすましして海岸を歩いていたところ、カニに遭遇してうろたえました。

級が向かったのが、ブライトンやイーストボーン、スカーバラなどの海辺の町でした。当時の医者が、温泉治療のほかに、海辺の空気や海水が健康によいと勧めていたからです。海水に身体を沈めたり、飲んだり、あるいは潮風に当たるだけでも病気を治すことができるといわれていました。『宝さがしの子どもたち』では、風邪をこじらせたノエルをアルバートおじさんがヘイスティングの海岸へ連れて行きます。

一八六〇年代を舞台にしたアメリカの『若草物語』では、病気で体が弱ったベスを、転地療法として海岸に連れて行く場面が描かれています。

煤や悪臭漂う都会からすれば、空気

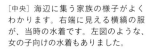

がきれいな海辺は確かに理想的な保養地だったでしょう。医者も、田舎や山、谷の空気より海辺の空気のほうが優れていると考えていたようです。

一八四一年にブライトン鉄道が開通すると、中流階級、その後は労働者階級までが訪れて大衆化が進みました。労働者階級の人々を対象とした海岸保養地への日帰り旅行を主催する日曜学校、節酒協会、工場主なども出てきました。

海水浴と水着

鉄道も整備されて、次第に行楽として多くの人に親しまれるようになるにともない、専用の服として水着が着られるようになります。しかし水着はあくまで非公式な服であって、決して異性から見られてよいものではありませんでした。素材はウールのフランネルで、なるべく体の線が出ないように全身を覆うスタイルでした。

父も私たちも全員、横縞柄の、その当時の典型的な、男性と子ども用の水着を着た。着ているものの体の線を縞で区切ってかくし、ことさら醜くして、風紀を乱すことがおきないようにデザインされたのだと思う。

（ルーシー・ボストン『意地っぱりのおばかさん』立花美乃里訳）

「グリーン・ノウ」シリーズのルーシー・ボストンが書いた海水浴の記憶は、ヴィクトリア朝もかなり後半の風景です。二〇世紀に入ると、海水浴は労働者階級にとってすっかりなじみのレジャーとなっていました。イーヴ・ガーネットの『ふくろ小路一番地』には、一年に四度の銀行定休日には、労働者階級のラッグルス一家がお金を貯めて、家族で六マイル先の海岸まで行く、という描写があります。

万国博覧会

上流階級だけが楽しんでいたレジャーが、労働者階級の手にも届くようになったきっかけは一八五一年に開催された、〝国民的大祝祭〟とも呼ばれる「ロンドン万国博覧会」でした。ロンドンのハイド・パークに建てられた会場は、総ガラス張りの巨大なもので、「水晶宮《クリスタルパレス》」と呼ばれました。

絵画や彫像、織物、家具、鋳鉄品、装飾品、乗り物や機械など、十万点にものぼる展示品は、ヨーロッパ諸国のほか、アメリカ合衆国やカナダ、オーストラリア、インドや中国など、三四の国から寄せられました。ほかの国より産業革命で一歩先をいっていた英国は、機械類の出品では他の国を圧倒していたそうです。万国博覧会は五月から一〇月まで開催され、一日平均四万三〇〇〇人という、驚くべき入場者数があったといわれています。

万国博覧会に驚異的な数の人々が訪れたのは、大衆向けの週刊誌が万博熱をあおりたてたこともありますが、庶民でも払える入場料の安さも大きかったでしょう。上流階級は特別料金を払って入場し、混雑や、労働者階級と一緒に見学することを避けたようですが、階級に関係なく同じ場所で同じ展示を見る機会というのはこれまでになかったといえます。

万国博覧会の中心となったのはヴィクトリア女王の夫アルバート公でした。学問や芸術の普及に熱意を燃やすアルバート公は、一八四三年に「芸術協会」の総裁に就任。「王立芸術協会」となった翌年には産業美術品展を開催し、好評を得ました。ヘンリー・コール（一三七頁参照）はアルバート公に万博の企画を提唱し、反対もあったものの、実現へと動き出します。税金を投入せず、寄付だけで開催費用をまかなうやり方は画期的なものでした。

水晶宮は世界でもまれな、広範囲にわたる美術館で、子どもたちのパラダイスでもありました。毎日コンサートやオペラ、ブラスバンドの演奏が行われ、想像力を刺激するものから、おもちゃ、恐怖心を与える彫像まで、あらゆるものであふれていました。

両親、きょうだいと五人で万博へ行ったエレン・バックストンの日記にはこのように書かれています。

「一番最初に、イングランドの油絵を観に行きました。他の国の油絵よりもずっとよいと思いました。トーマス・ゲーンズボロやジョシュア・レイノルズ（両者とも英国画家）の絵がたくさんあって、プロイセン王国の皇太子ご夫妻とその子どもたちの絵や、ヴィクトリア女王とアルバート公の絵もありまし

［上］鉄道が普及したおかげで、地方からも鉄道を使って万国博覧会へ多くの人が押し寄せました。トーマス・クック（1808～1892）は鉄道会社からの依頼を受け、労働者階級向けの安い団体旅行を企画して好評を得ました。
［下］総ガラス張りの水晶宮のなかは明るく、お酒の提供はしなかったため、家族みんなで行くには絶好のイベントともいえました。

［右］象を模した展示を行ったインドのブース。
［左］一流の名画に触れることで、子どもたちの美意識も高まったことでしょう。この万博で得た多額の利益でロンドンにはさらに美術館や博物館が建てられました。

た。（中略）この上なくすばらしいレースもたくさん、ベビー服や、レース編みだけで仕上げたずきんや、もろもろすべてきれいでした。ほかにもたくさんすてきなものを見たけれど、どう説明したらいいのかわかりません。」

買い物

子どもたちは、いくつかの店の前で立ち止まり、ショーウィンドーにかざってある金色のレースとかビーズ、絵、宝石、服、ぼうし、カキやロブスターといったものをながめました。

（ネズビット『魔よけ物語』）

産業革命によって大量生産が可能になり、商品の値段が下がったことで、消費者革命とも呼ばれる驚異的な変化があったのがヴィクトリア朝です。家

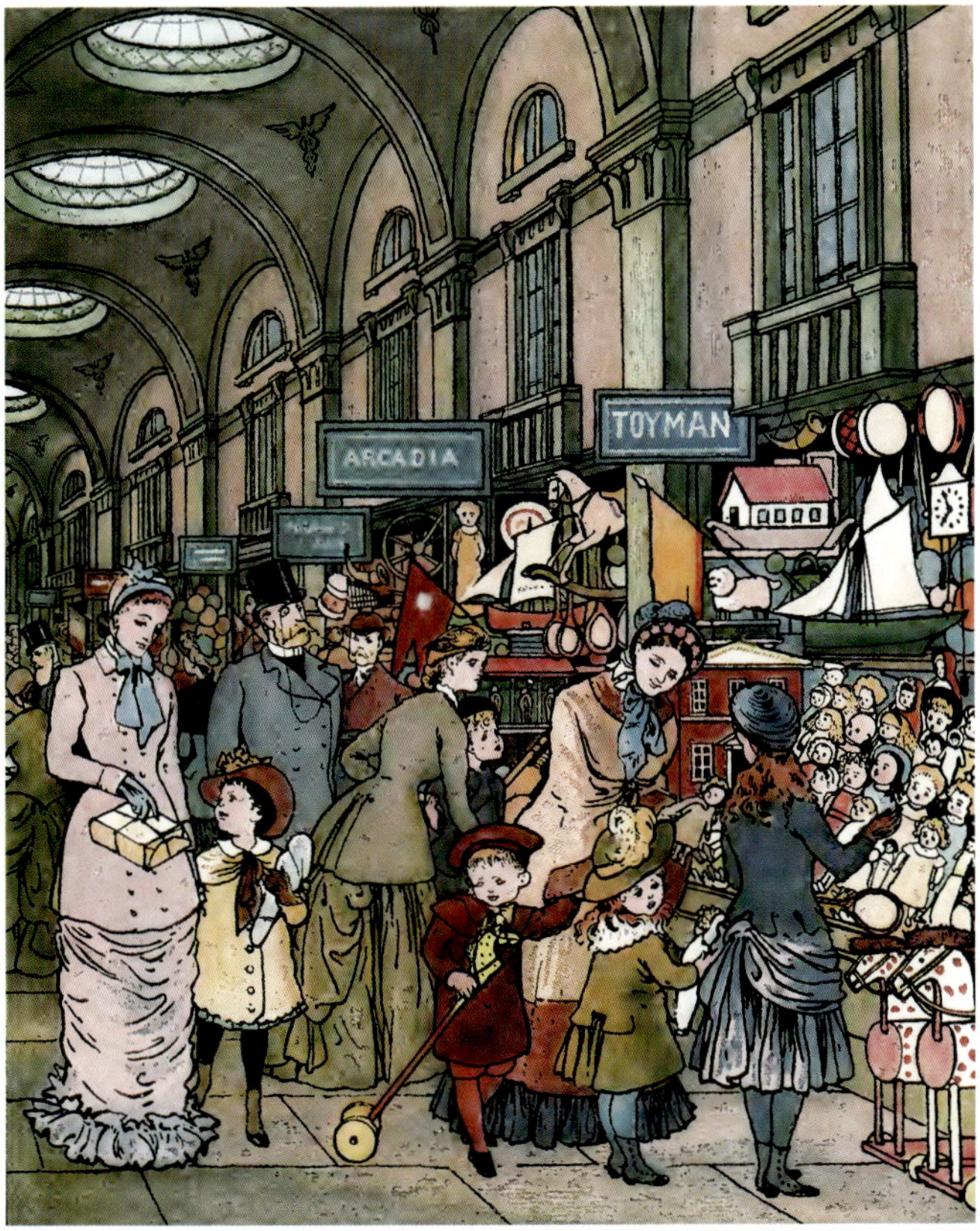

インドアのマーケット「バザール」。秩序を保つためのルールがあり、出店選考もありました。清潔で節度のあるショッピングの場として中流階級に人気がありました。労働者階級を受け入れなかったバザールもありました。

で手づくりしていた食べるものも、着るものも、だんだん購入できるようになっていきます。製造者から、消費者になった女性たちは、今度は質のよさを見極めたり、いかに節約して家を切り盛りできるかを考えることになり、それらをアドバイスする本も出始めました。

ヴィクトリア朝初期は、多くの商品は屋外の露店や、職人の家の表部屋で売られていましたが、後期になると、今までにない商品やサービスを提供する新しいタイプの店が次々と出てきます。

それまで商品に値段はついておらず、お客がいくらかを聞かなければなりませんでしたし、お客が商品に触ることも許されませんでしたが、そうした不便さを解消し、配達サービス、仕立てサービスといった新しいサービスを備えたデパートメントストアが都会に建ち、交通が便利になったことで買い物のために都会へ出ていくこともできるようになりました。

［上］野外のマーケット。動物や食肉も扱っています。
［下］小さな村にあったのがこうしたゼネラルストアです。小さいながらも、必要なものは揃えていたので、毎日の買い物にはゼネラルストアで事足りました。窓税が廃止されると、大きなガラス窓を取りつけて店内を明るく、なかが見えるようにするお店が増えました。

チェーン店が出現し、缶詰類が現れ、町や、女性雑誌は広告であふれました。一九世紀は、必需品や贅沢品へのお金の使い方だけでなく、製造、梱包《こんぽう》、船での運び方、ディスプレイ、計量や度量、家までの運び方、そして買ったものの使い方まで変化しました。

もちろん、今までのように、バスケットを下げて毎日歩いてパン屋や肉屋、八百屋などに買い物に行く女性もいましたが、それは田舎や小さなコミュニティにしか見られなくなっていきます。

国民全員が、平等にこうした恩恵にあずかったわけではなく、多くの割合を占める労働者階級は相変わらず生活に苦しんでいました。それでも、新聞やハンカチや、キャンディなどを買うことができるお金を持っている人は確実に増えていました。

親に連れられて、お店に買い物に行くことは子どもたちにとっても大きな楽しみでした。子どものおもちゃを売る店は、一九世紀後半から発展しました（それ以前にもおもちゃ屋は存在していましたが、ごく限られた顧客のためのもので、大変高価でした）。
〝子どもはおもちゃを買い与えるほど価値がある特別な存在で、敬愛すべきもの。子ども時代は、大人時代や仕事と切り離して考え、発育のためには遊ぶ必要がある〟という、新しい子どものとらえ方が生まれたことで、おもちゃ、本、パントマイムといった、子ども向けの特別な商品が作られていったのです。
しかし貧しい労働者階級の子どもはおもちゃが買えるはずもなく、藁人形や、紙で作るおもちゃ、道具がいらないゲームなどを見つけるだけで精一杯でした。

Column
写真

「ここの場所を、まず写真に撮っておきましょうか。ほら、あとでわかるようにね」。カメラが、カチ、カチ、と二回鳴りました。
（ネズビット『アーデン城の宝物』井辻朱美・永島憲江訳）

ヴィクトリア朝、物理学と化学の研究が進んだことで、写真の技術も大きく飛躍しました。上流階級に少しでも近づきたい中産階級では肖像写真《ポートレート》が人気になり、19世紀末には労働者階級の家庭にも肖像写真は浸透していました。

引用したネズビットの『アーデン城の宝物』は一九〇八年に出版された本で、エドレッドとエルフリダは荒れ果てたアーデン城を建て直すために、ブローニーカメラを持ってアーデン城が繁栄していた時代にタイムトリップします。当時の城の様子を写真に撮っておけば、いずれお金ができたときにお城をもとの通りに直せるからです。

ブローニーとは、写真用品会社コダックが製造販売した、ロールフィルムを用いた中判カメラです。最初のブローニーは一九〇〇年に発売され、子どもをターゲットにした宣伝活動を行いました。

「ねえ、ハイポ（写真の定着用液剤）を量って、パイ皿を四枚、準備しておいてね。ぼく、お水をとってくるよ」。現代に帰ってきた二人は、苦労して部屋を真っ暗にして暗室をつくり、そこで自分たちで現像しました。現像したフィルムを乾燥したら、次は写真の焼きつけです。この描写もとても詳細にされています。午前中いっぱいかかって、二人は絹目タイプの印画紙一八枚に、お城の写真を焼きつけました。

イラストのような当時のポートレート撮影には長い時間がかかりました。写真は1860年代からポピュラーになり、多くの人が利用できる価格になりました。

ジャック・イン・ザ・ボックスと呼ばれたびっくり箱。起源は不明です。ヴィクトリア朝の子どもたちが遊んだ典型的なおもちゃでした。

アンデルセンの童話で知られている鉛の兵隊は、大変高価なものだったので、持っていることは裕福な家庭のしるしでした。

裏と表に違う絵を描いて、早く回転させることで一つの絵になるおもちゃ・ソーマトロープが、1832年に英国で発明されました。絵が動いて見えることから関心を集め、アニメーションや映画の発明につながりました。図はゾートロープで、細い隙間から見ると絵が動いて見えました。

子どものおもちゃ

ぼくたちは／かいだんの上を／舟にした。寝室のいすをもちだして、クッションをつみあげて／この舟で大海原に出ていこう。

（ロバート・ルイス・スティーヴンスン『子どもの詩の園』ないとうりえこ訳）

ヴィクトリア朝は経済の成長とともに、あらゆる種類の子どものおもちゃが世に出た時代です。しかし、大半の子どもは遊び時間を持つゆとりはなく、朝から晩まで家事や仕事、勉強をして過ごさなければなりませんでした。

英国では木馬が大人気で、とくに中流階級の家庭では男の子用のおもちゃとして与えられました。その起源は大変古く紀元前のギリシャにはすでにこの玩具があったといわれています。弓形の台座は19世紀初頭より用いられ、19世紀半ばには工業製品としてたくさん出回るようになりました。

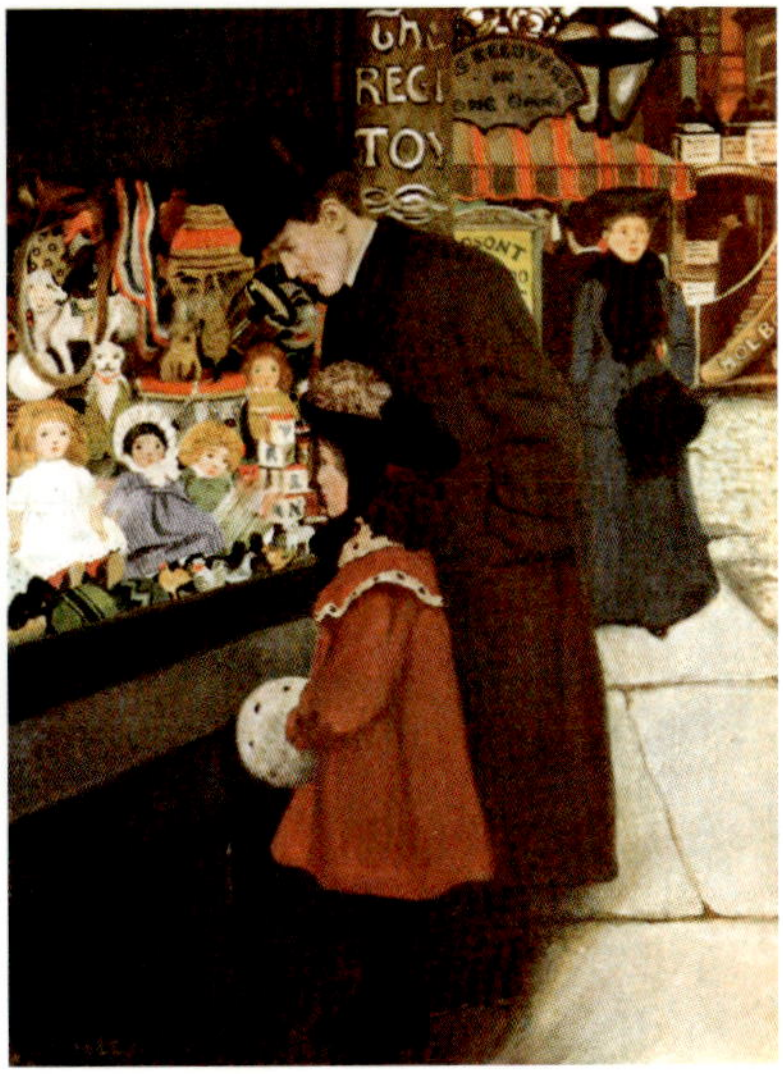

『小公女』より。セーラにとってはエミリー人形は大切な友だちであり、お父さまと別れる前、一緒に見つけた形見でもありました。

労働者階級の子どもは、一一、一二歳を過ぎる頃には働きに出ていくので、遊ぶことができたのはほんの小さな頃だけでした。労働者階級の家のなかは暗くて狭く、子どもたちは部屋の隅でごっこ遊びをするくらいしかできなかったため、広い空間を求めて外に出ていって遊びました。既製品のおもちゃは買ってもらえなかったので、間に合わせの道具で工夫して遊び、空想の翼を広げて、遊びに使えそうなものは何でも利用しました。

一方、中流階級以上の子どもは、勉強に追われ、躾《しつけ》も厳しかったため、外に遊びに行くのは簡単ではないうえ、ほかの子どもと遊ぶこともままなりませんでした。とくに女の子は自宅の庭ですら自由に出してもらえなかったのです。こうした中流階級以上の子どもは、主に室内で遊んだので、彼らを対象に、さまざまなおもちゃが製品化されるようになりました。そのいくつかをご紹介します。

人形

「エミリーは、ほんとうに生きているようでなくちゃ、いけないわ」

（バーネット『小公女』）

人形遊びは、女の子には育児の練習になるとして奨励されました。ヴィクトリア朝のはじめの頃、人形は木や陶

人形は子どもの大好きなおもちゃの一つで、歴史も古く、当初は木や藁など身の回りにあるもので作られました。

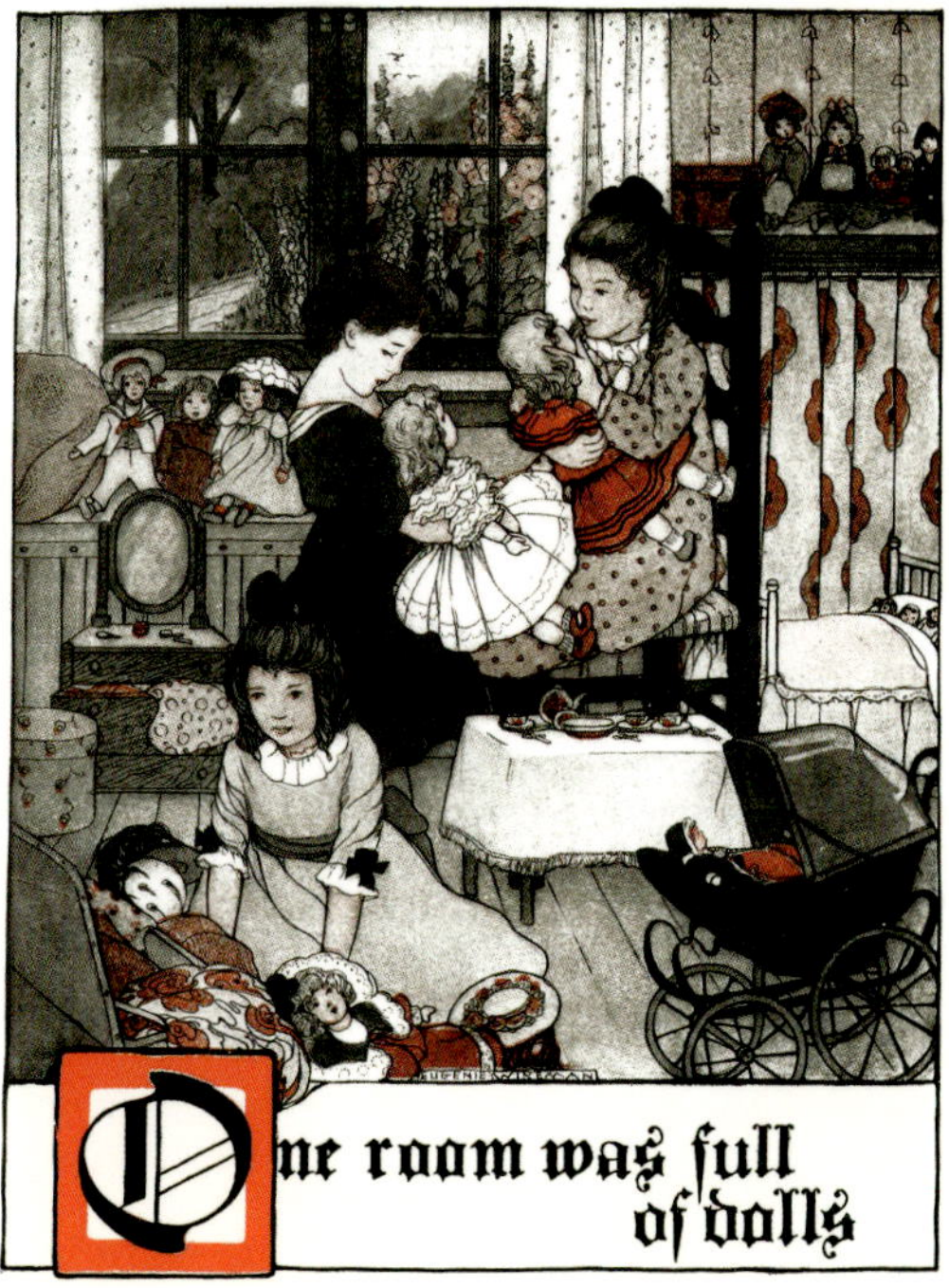

ドールズ・ハウスは子どものために作られたものではなく、もともとは財力を誇示する大人の愉しみでした。大きさはさまざまで、下図のような大型のものはまさに裕福さの象徴です。家具や人形といった細かいものまで、すべて家のサイズに合わせて作られました。

器でつくられていましたが、一八四〇年以降には、頭と首の部分をロウで覆った人形がつくられました。英国で一番初めにつくられた赤ちゃん人形は一八二五年頃で、当時大変な人気を呼びました。目を閉じる人形は一八七〇年に登場しました。

人が入っていけるぐらい大きい人形

ドールズ・ハウス

の家は、本物のかやぶき屋根で（中略）バルコニーがあって、階段もついている二階建てでした。ほんとうにつかえる、お料理用のストーブと本物のアン女王時代の家具類、子どもたちにちょうど大きさの合う、アン女王時代の衣服がいっぱい詰めてある、美しいクルミ材でつくったたんすなどもありました。

（エイケン『ウィロビー・チェースのおおかみ』大橋善恵訳）

ヴィクトリア朝の中流家庭では、室内で女の子がごっこ遊びをするおもちゃとして、ドールズ・ハウスが普及しました。二〇世紀に入って書かれ、ジブリの映画『借りぐらしのアリエッティ』の原作になったメアリー・ノートンの『床下の小人たち』でも、印象的な場面にドールズ・ハウスが登場します。ドールズ・ハウスは時代を越えて英国の文化に深く根づいています。

もともとドールズ・ハウスは、大人の観賞用として一六世紀のオランダで始まったもので、精巧に作られたミニチュア家具など、子どもが遊ぶにはデリケートすぎるものでした。

一九世紀に入ると、ドールズ・ハウスは子どものためのものとしてつくられるようになり、なかに入れる家具もロンドンのおもちゃ市で数多く売られるようになりました。家庭で身近な道具や家具が、子どもの手のひらに載るような小さいサイズになったドールズ・ハウスは、ごっこ遊びに最適で、子どもにとって自分でいろいろな場面を想像して楽しめるおもちゃでした。

ノアの箱舟のおもちゃは歴史が古く、17 世紀のドイツで生まれました。箱船の中にノアの家族といろいろな動物がつがいで入っています。

ノアの箱舟

ノアの箱舟遊びをすれば、ぼうやをかなり長いあいだ、泣かせないでおけました。

（ネズビット『火の鳥と魔法のじゅうたん』猪熊葉子訳）

日曜日は聖なる日なので、一般には遊ぶことは禁じられていました。宗教教育上好ましい、ノアの箱舟や、教会を組み立てられる積み木などが日曜の特別なおもちゃとして許されていました。宗教的に厳格な家庭でも、ノアの箱舟なら安心して遊べたのです。

子どもの遊び

路上や広場は格好の遊び場でした。立派なおもちゃがなくても、子どもたちはいくらでも楽しむ方法を見つけました。「ブリティッシュ・ブルドッグ」「おばあちゃんの足音」「狼さん今何時？」といったさまざまな鬼ごっこに、ビー玉やお手玉、なわ飛びなども、ヴィクトリア朝の子どもを夢中にさせました。

また、輪回しやコマ回しも人気のあ

ゴムボールができたのは 1839 年ですが、多くの子どもたちは、ボールはぼろきれをひもで巻いたもので間に合わせました。クリケットなどの正式な道具は買ってもらえず、手作りのボールに薄い板で作った間に合わせの道具で、元気いっぱい遊びました。

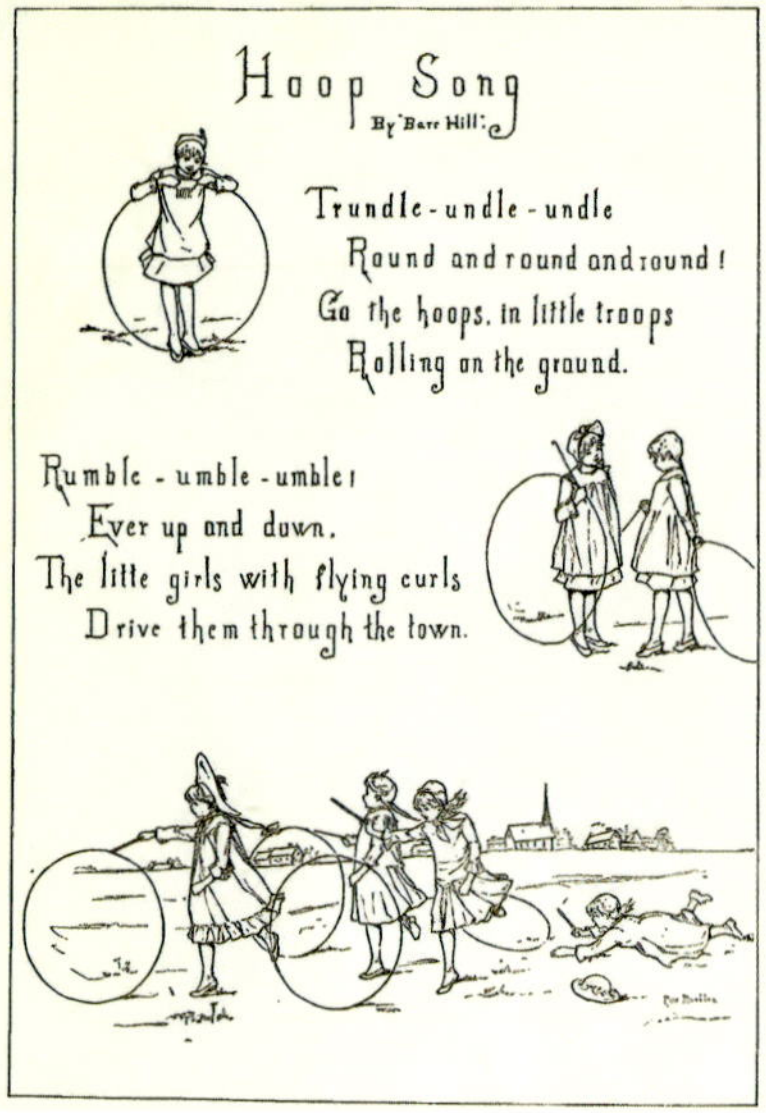

遊んでいる子どもたちを描いた当時の絵はたくさんあります。これらはその一部です。

る遊びでした。輪回しは倒れないように輪を転がしていく遊びで、棒で軽く叩きながら進ませていくものです。

　ロンドンの浮浪児が、ただで楽しむ遊びとして、逆立ちをすることが一時期大流行しました。彼らは路上での仕事の合間に逆立ちをして気晴らしをしたのです。

四季の行事

バレンタインデー

　バレンタインデーの由来は諸説ありますが、愛情を示すカードを送る習慣は一五世紀にはできていました。素敵な言葉を本から引用したり、自分で書いたりして、リボンやレース、花やハートといったロマンチックなシンボルで飾り、ドアの下からすべり込ませたり、ドアノブに結びつけて贈りました。バレンタイン・カードは、大人の男女間だけでなく、子ども、家族や親戚、友だちの間でも送り合います。

　市販のバレンタイン・カードが登場する一九世紀になると、クリスマス・カードと同じように、バレンタイン・

バレンタイン・カードを運んでくる郵便配達員を、待ちきれない子どもたちは走って出迎えます。

カードも市販のものが圧倒的に使われるようになります。一八二〇年代中頃、ロンドンだけで二〇万枚ものバレンタイン・カードが使われたといわれ、一八四〇年代後半にはその二倍、さらにその二〇年後にはさらに二倍になったという統計もあります。

イースター

銀紙に包んだチョコレートの卵が三つ、縁に絵の描いてある木の卵が一つ、中に蛇の入った赤い卵が一つ、それから、内側にきらきら光る金色の紙を張った美しい、薄青いビロードの卵——

（アリソン・アトリー『農場にくらして』上條由美子・松野正子訳）

キリスト教の大きなお祭りで、復活祭ともいわれます。金曜日に十字架にはりつけられて亡くなったイエス・キリストが、三日後の日曜日（イースター・サンデー）に蘇《よみがえ》ったという復活を祝うものです。イースターは、イースター・サンデーからさかのぼる四〇日前から始まり、その四〇日間を四旬節《レント》とも呼びます。四旬節は懺悔《ざんげ》の期間ともいい、キリストの贖罪《しょくざい》と自己犠牲を思って禁欲生活を送るのがしきたりでした。

イースターのシンボルは卵とウサギで、卵は命の誕生、キリストの復活を表し、すべてが生まれ変わる春の象徴ともされます。卵に彩色するのも、同様の意味があり、復活と春の到来を喜んで迎えるためでした。ウサギは多産なので、やはり生命と繁栄の象徴です。

引用部分は、主人公のスーザンが名

［上］四旬節の間は卵を食べてはいけない決まりがあったので、四旬節が終わるイースター・サンデーの前夜には、イースター・バニーが子どもたちのために卵やプレゼントを持ってくるといわれいます。
［下］バレンタイン・カード同様、イースターにもイースター・カードを送り合いました。ウサギと戯れる無垢な子どもの絵は定番でした。

女の子たちは祭りの主役である「5月の女王（メイクイーン）」に選ばれるのを楽しみにしています。選ばれた5月の女王は、白いドレスに花の冠を頭にのせ、パレードの先頭を歩いたり、ゲームの勝利者に賞を授けたりする特権が与えられます。

づけ親からイースターにもらったプレゼントで、ビロードの青い卵は小物入れになっていて、スーザンはこんな美しいものを見たことがなく、もらった卵を見に家に来ないかと学校の友だちを誘ったほどです。

五月祭《メイデー》

メイポール・ダンス。リボンがきれいな模様に編み込まれるように踊ります。

ダンスの輪は壊れて、複雑な形へと変化していきました。ダンスの輪の中央にあるメイ・ポールについている色つきリボンを、ふたりはいつの間にか手にとっていました。巻きつかせたり、からみ合わせたりしながら、手にしたリボンを別のだれかさんの、よく心得ている小さな手にわたしてゆくのです。中に入ったり、外に出たり、これをくり返す――とても複雑なダンスでした。（中略）サンザシの枝とゆれるキバナクリンザクラの花束で飾りつけられた、一段高くなった演台で演奏家たちが音楽を奏でると、踊り手たちはいっそうダンスにはげみました。

（ネズビット『アーデン城の宝物』）

　引用は、主人公の子どもたちが、アン・ブーリンが妃になったとき（一五三五年頃）の五月祭にタイムトリップした場面です。頭に白いサンザシの花冠をのせた三〇人ほどいる子どもたちが芝生の上で一緒に輪になって踊り、「王様が妃とお祭りを見に来られる」と喜んでいます。子どもたちは、歴史上のアン・ブーリンをじかに見ることになります。

　五月祭は、春の訪れを祝うもので、ヨーロッパ各地で行われてきました。

森で花や枝木を集めて家を飾ったり、サンザシなどの花をかざしながら歌を歌って歩いたり、踊ったりして、喜びを分かち合います。メイポールという木の柱を立ててリボンをつけ、そのリボンを柱に巻きつけるように回って踊るダンスが「メイポール・ダンス」です。もう一つ、男性が踊る「モリス・ダンス」もあります。

ガイ・フォークス・デー

一六〇五年。国王ジェームズ一世の宗教政策に不満を抱いたカトリック教徒が、国王と国会議員を議事堂ごと爆破して殺す計画を立てました。地下室にしかけられた火薬は実行当日に見つかり、犯行グループは逮捕され、計画は未遂に終わります。これを神に感謝するため、翌年から毎年一一月五日を法律で感謝の日とすることが定められました。ガイ・フォークスというのは、地下室で火薬に点火する役割だった男の名前です。

　ガイ・フォークスを模した藁人形をつくり、それを焚火のあるところまで見世物として運び、焚火に放り込んで〝火あぶりにする〟習慣はすでに一八

“人形をつくる”という行為があったため、いつしかガイ・フォークス・デーは子どものお祭りへとかわっていきました。
イラストの子どもたちは、ガイ・フォークスのお面をかぶっています。

世紀にはあったそうです。

子どもたちにとってガイ・フォークス・デーは、人形をつくったり、焚火や花火をしたりという楽しい日なので、児童書にはよく出てきます。『鏡の国のアリス』では、アリスが鏡の国に入っていくのはガイ・フォークスの日ですし、『帰ってきたメアリー・ポピンズ』ではガイ・フォークスの花火と一緒にメアリー・ポピンズが帰ってきます。

『宝さがしの子どもたち』では、子どもたちはみなガイ・フォークスの日、はしかにかかっていたので庭に出られず、回復してから、花火を食堂にあった大きな椅子の上で打ち上げて穴をあけてしまいました。また、ガイ・フォークスの花火のためにお金を使ってしまって残っていない、という描写もあります。

『火の鳥と魔法のじゅうたん』では、子どもたちはガイ・フォークスのための花火がちゃんとつくか実験して子ども部屋で火事を起こしてしまい、当日花火をすることを禁じられました。新しいじゅうたんから出てきた卵から火の鳥が孵《かえ》ったのも、ガイ・フォークスの日です。

『アーデン城の宝物』では、エルフリダはまさに事件が画策されたジェームズ一世の時代の一一月五日にタイムトリップしてしまいます。そして、思わず、マザーグースのガイ・フォークスの唄をうたってしまい、スパイ容疑でロンドン塔に幽閉されてしまうのです。

クリスマス

クリスマス・イブはもう終わろうとしていました。でも、明日はクリスマス！　一年じゅうでいちばんいい日です。

（アトリー『農場にくらして』）

クリスマスが描かれている有名な小説といえば、現在も読み継がれている『クリスマス・キャロル』があげられます。チャールズ・ディケンズの『クリスマス・キャロル』は一八四三年に出版され、ディケンズ自身が今までで一番成功した自分の作品だと言っていますが、この作品以前から英国ではクリスマスを祝う習慣がありました。

クリスマスはキリスト教の祝日で、救世主イエス・キリストが生まれた日とされていますが、聖書には一二月二五日にキリストが生まれたとは書かれていません。キリスト教は、ヨーロッパの土着の宗教のお祭りや祝日を融合させながら、祝日をつくりあげていったのです。中世のクリスマスは共同体で盛大に祝い、キリストの降誕を祝う宗教的なものというよりは食べて飲んで楽しむことを重視した大人のものでした。しかし、中世の終わり頃には、規模は小さくなり、個（家庭）でごちそうとプレゼントで祝うだんらんの場となっていきました。

産業革命期にクリスマス休暇は削られていき、一八三八年には一二月二五日のみが休みだったそうです。（一八七一年になって、一二月二六日も公休日と定められました）。休暇を取れば給料が減ってしまうので、大人はクリスマス休暇を取りたくても取れない状況だったでしょう。クリスマスでも普通に教区民の結婚式を行ったり、埋葬をしたり、新聞の印刷と販売も行われていました。それでも、『クリスマス・キャロル』の爆発的な人気は、消えかかっていた大事な祝日を意識させるきっかけになりました。

裕福な家庭の豪華なクリスマス・ディナーの様子。
（©Mary Evans Picture Library）
女の子がクラッカーを引っ張っています。子どもたちはクリスマス・ディナーの前に、このクラッカーを鳴らしてクリスマスを祝福しました。この筒のなかにはちょっとしたプレゼントや、格言やジョークが書かれた紙が入っています。２人の人が、それぞれの両端を持って引っ張り合い、ポンという破裂音とともにクラッカーが二つに割れて中身が出てくるというしくみで、真ん中の部分が多くついていた人が、中身をもらえます。

クリスマスにはクリスマス・ツリーを飾りつけ、クリスマス・カードを書いて送り、クリスマス・プレゼントを用意します。クリスマスのごちそうは、暖かい部屋で家族みんなでいただく――現代とほぼ変わらないクリスマスのスタイルは、ヴィクトリア朝に定着したものです。

クリスマスのごちそう

ガチョウは前代未聞のおいしさでした。（中略）リンゴソースとマッシュポテトを足せば、一家のごちそうにはじゅうぶんでした。（中略）

いやもう、たいへんな湯気です！　プディングが銅の釜から出てきました。（中略）プディングを包んだ布が匂うのです。食堂とお菓子屋がとなりあわせで、そのまたとなりに洗濯屋があるような匂いです！　それがプディングなのです！（中略）大砲の弾のようにまん丸で、まだら模様がついていて、しっかりと中身が詰まっていて、ほんのちょっぴり振りかけたブランディが、ゆらゆらと炎をあげていて、てっぺんにはクリスマスのヒイラギが突き刺してあるプディングです。おお、なんとすばらしいプディングでしょう！
（チャールズ・ディケンズ『クリスマス・キャロル』脇明子訳）

これは、『クリスマス・キャロル』で、スクルージの事務所で書記をしているボブ・クラチット家の描写です。クリスマスには労働者階級であっても、たっぷりのごちそうを食べていたことがわかります。物語が書かれた一八四〇年代は〝空腹の四〇年代〟と呼ばれるほど、英国の労働者階級は困窮《こんきゅう》していました。普段の食べ物にさえ苦しんでいた労働者階級は、クリスマスのために普段から貯蓄をしていました。そのことは、積み立てをするとクリスマスにガチョウが受け取れる「ガチョウ・クラブ」という組織があちこちにあったことからもうかがえます。

クリスマスのメイン料理の肉は、階級の高い家では七面鳥《ターキー》、労働者階級ではガチョウが好まれました。ヴィクトリア女王夫妻は、クリスマスに七面鳥を食しています。七面鳥は一六世紀に北米から入ってきた食材で、一九世紀中期はまだ高級食材でした。

また、アルバート公はドイツ人です

『クリスマス・キャロル』より。
近所のパン屋で作ってもらったプディングやガチョウのローストを、いそいそと自宅へ持って帰る労働者階級の人々。

から、食卓にはドイツ風のカスタードソースをかけたクリスマス・プディングが出され、喜んで食べたことでしょう。

アトリーの『農場にくらして』には、クリスマスの夕食に、ブレッドソースをかけた七面鳥が登場します。この小説は一八八四年生まれの作者自身の子ども時代を描いた自伝的小説で、一九世紀末の一年の様子が実に生き生きと描写されています。田舎の農場に住む労働者階級でしたが、愛情あふれる家族と、豊かな自然と動物に囲まれて成長していくスーザンが主人公です。七面鳥は、自分の農場で飼っていたものです。田舎では食材を育てることができたため、金銭的には貧しくとも、食事の面では豊かだったことがわかります。

クリスマスは、クリスマス当日から四～五週間前の日曜日（一一月三〇日の聖アンデレの日に近い日曜日）から始まり、十二夜で終わります。その日曜日はクリスマス・プディング（プラム・プディングのこと）をつくり始める日で「かき混ぜの主日《スターアップ・サンデー》」と呼びます。使用人がいる家庭ではプディングをつくるのは使用人の仕事です

クリスマス・カードは新年のお祝いカードと一緒に使われることが多く、子どもの絵もたくさん描かれました。

Column

クリスマス・カード

郵便屋さんが手紙とクリスマス・カードの束を持って、森を抜けてやってきました。

（アトリー『農場にくらして』）

寄宿学校で学んでいた裕福な家庭の子どもたちは、学期が終わる一二月、自分たちの文章力を示すために、紙を美しく飾って文字を書き記し、親に見せました。大人たちは、クリスマスや新年のあいさつを手紙やカードに書いて離れた家族や知人に送っていました。

クリスマス・カードははじめは手描きでしたが、それが大変だったからでしょう、一八四三年、ヘンリー・コール（一八〇八～一八八二）が世界初の商業用クリスマス・カードを製作します。これは自分用で、画家のジョン・ホースレイ（一八一七～一九〇三）を雇って絵を描いてもらいました。使わなかったカードは自分の店で販売。カードの絵の両側には、貧しい人々に施しをするクリスマスならではの慈善の様子が描かれています。しかし、当初はまったく売れなかったそうです。

安価な印刷によって大量生産が可能になり、ポストカード用の安い切手が一八七〇年に導入されたこともきっかけになり、クリスマス・カードは、上流階級から中流階級へ、そして労働者階級へと、徐々に広がっていきます。

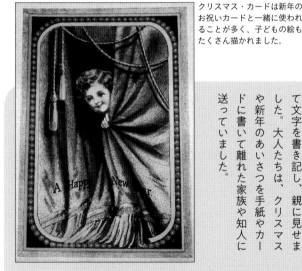

が、生地を型に流し込む前に、願い事を唱えながら混ぜるという習慣があり、女主人も子どもも台所へ行って生地を混ぜあわせる姿が見られました。反時計回りに、一人一回ずつ混ぜるのがルールで、プディング型は布でくるんでお湯に入れ、五～六時間かけてゆでました。

『ビートンの家政本』には、子ども用の、ドライフルーツを控えめにしたプディングのレシピが掲載されています。

赤い実とつやつやの葉のヒイラギの小枝を差したプラム・プディングはといえば、今までに食べたどれよりもおいしいプラム・プディングで、中に、間もなく転がり出てスーザンのお皿にのっかるであろう六ペンス銀貨がかくしてありました。

（アトリー『農場にくらして』）

プディングのなかに小物を入れるのは、おみくじや占いの役割を持つ楽しみでした。コインは富を、指ぬきや指輪は愛や結婚を、ボタンは一生独身、蹄鉄や星は幸福を意味すると一般的に知られています。六ペンス銀貨は、一九六七年に製造が中止されました。

クリスマス・ツリー

テーブルのまんなかに、クリスマス・ツリーが立っていました。（中略）**いきいきと生きている木でした。まっかなリンゴと、素晴らしい黄色のオレンジが大きな枝に下がり**（中略）**木のてっぺんで銀色の鳥が輝いていました。**

（アトリー『農場にくらして』）

『クリスマス・キャロル』にはヒイラギ、ヤドリギ、赤い実、ツタと、現在にも続くクリスマスの飾りつけが描写されていますが、クリスマス・ツリーは出てきません。出版当時はまだ一般に普及しておらず、一八六〇～一八七〇年代からです。

クリスマス・ツリーは、もともとドイツの習慣で、一八世紀中頃のドイツ

Column

スコットランドのクリスマス

スコットランドでは、クリスマスではなく、大晦日を祝うホグマネイが祝われていました。それには、スコットランド立法府の中心だった長老派教会《プレスビテリアン・チャーチ》が関係しています。

スコットランド長老派教会は一六世紀から、酒を飲んでお祭り騒ぎをするクリスマスは、嘆かわしく世俗的なカトリックのものだとしてよく思っておらず、禁止にしていた時期もあります。

イングランドでは禁止されませんでしたが、その後、ピューリタン革命が起こり、君主制は倒され、共和制（一六四九～一六五九）がしかれます。長老派を含むピューリタンは、生真面目で禁欲的なのが特徴で、クリスマスに関するすべての行事は、宗教的であろうと、世俗的であろうと、すべて禁止し、祝日ではなく平日である、としました。

クリスマスの禁止が解かれても、スコットランドではなお長老派教会がクリスマスの祝日に反対し、一六九〇年に禁止法を復活させました（驚くことにこの禁止令は、スコットランドで一九五八年に、公式にクリスマスが祝日とされるまで、有効でした）。

長い間禁止されていたクリスマスは、宗教色のない新年を祝うほうへと移行。子どもたちがプレゼントを期待して靴下をつるすのも、新年の前夜の大晦日（ホグマネイ）に行うようになったのです。

［左］当時は本物の針葉樹を飾っていました。アトリーの『農場にくらして』にも、根を傷つけずにもってきて、クリスマスがすんだら植林地へ戻す、と描写されています。
［右］当初のツリーは、テーブルトップ・ツリーといって、テーブルの上に置くタイプの小さなツリーでしたが徐々に大きくなっていきました。

ではロウソクを灯したツリーや贈り物の風習がすでに一般的になっていました。英国の宮廷にはヴィクトリア女王以前から飾られていましたが、英国国民にまでツリーを飾る習慣が広まるのはヴィクトリア女王の結婚後です。

一八四〇年に結婚し、一八四一年に長男エドワードが誕生したお祝いに、アルバート公はドイツからクリスマス・ツリーを取り寄せました。その後、女王夫妻は子どもたちを喜ばせるため、子どもの数だけツリーを用意し、ツリーの下には贈り物を並べたといわれています。

一八四八年、夫妻が子どもたちを中

Column

クリスマス・レクチャー

クリスマスと連動するとはおよそ思えない科学ですが、ヴィクトリア朝にはクリスマスには欠かせないテーマでした。水力から蒸気、ガスから電気と、進歩していく科学は、変化するクリスマス休暇の楽しみに加わりました。それは、一八二五年、ロンドンの王立研究所《ロイヤル・インスティテューション》が、青少年を含めた一般市民に、科学がためになり楽しいと感じてもらえるよう、デモンストレーションを交えながら始めた講座がきっかけでした。こうして、パントマイム同様、クリスマス・レクチャーも子どもたちの楽しみの一つになったのです。

クリスマス・レクチャーと呼ばれるこの講座は、毎年一つのテーマで開催され、戦争の時期をのぞいて、現在にまで続いています。

心にツリーを囲んでいる姿が雑誌に掲載され、多くの国民が強烈なインパクトを受け、真似するようになります。また、アルバート公は、学校施設や軍の兵舎にツリーを寄付することもしたので、ツリーを飾る習慣を英国にもたらしたのはアルバート公だと言われるほどでした。

『クリスマスの歴史』（ジュディス・フランダーズ著）には、ヴィクトリア女王は一九〇一年に亡くなるまでずっと、クリスマス・プレゼントを、クリスマス・イブやクリスマス当日ではなく、元旦に渡していたそうです。これはドイツで年末から年始にかけて、新年を祝う贈り物をしていた伝統がかかわっているのかもしれません。

クリスマス・プレゼント

『農場にくらして』で、クリスマスの朝、スーザンがサンタクロースからのプレゼントを靴下から出す場面があります。いちばん欲しかった本、リンゴ、巻き尺、オレンジや木の実が入った蓋つきの錫《すず》のボウル。砂糖でできたハッカネズミと時計、お人形の椅子、一ペニーの陶人形も入っていました。スーザンは今までもらったサンタクロースからのプレゼントのなかで一番だと思い、うれしくてうれしくて、両膝をあごのところまで抱え込み、身体をゆらゆら揺らしました。

サンタクロースのプレゼントとは別に、母からは家の形をした裁縫箱、ジョシュアからは財布をもらっています。当時の労働者階級のプレゼントとしてはかなりふんぱつしているのがわかります。

クリスマスまでの間、人々は食べ物、そしてプレゼントのためにも節約を心がけお金を貯めていたでしょう。

クリスマス時分になると、配達人がシチメンチョウ、ガチョウ、ワイン、葉まき、箱入りの砂糖づけのくだもの、絹とビロードと金粉がついた美しい箱に入ったフランス・スモモなどをよくと

クリスマス・プレゼントは、12月6日の「聖ニコラスの日」前夜、司教ニコラスに扮した人が子どもたちに説教をしたあとでお菓子をくれるという子どもを対象としたオランダの伝統習慣がもとになり、のちにクリスマスと融合しました。“子どもに贈り物をする聖ニコラス”のイメージは19世紀の初めにアメリカで形づくられ、英国にも広がっていました。

どけてきたものです。

（ネズビット『宝さがしの子どもたち』）

スーザンの家とはかなり違う、裕福な中流階級の様子です。引用は、由緒あるバスタブル家が〃お金持ちだった頃〃の話で、今は経済的に苦しくなってしまいました。子どもが新しいものを欲しがると父は嫌な顔をし、夕食にお客さんがきれいな服を着て辻馬車で玄関に乗りつけることもなくなった、と描写されています。ネズビットの作品のほとんどは、裕福だった家が何らかの理由で傾いてしまう、という設定で書かれています。これは大不況（一八七三年から一八九六年にわたる世界的な構造不況）が原因と思われ、隣の家に住む家庭も同様に家が傾いたことが描写からわかります。

物語の最後で、子どもたちはもとのように暮らせることになり、そのきっかけになったインドのおじさんは、子どもたち一人一人に腕時計をプレゼントしてくれました。これは大変な贅沢品です。

両親からのクリスマス・プレゼントは、子どもが欲しがるちょっと贅沢もの（揺り木馬、おもちゃの乗合馬車、きれいなドレスを着た高級人形、幻灯機、操り人形、踊る人形、手品のたね、おもちゃのディナーセットやティーセット、アーチェリーの弓と矢など）か、実用品（靴下、シャツ、ブーツなど）で、定番は、本だったということです。

19世紀にはクリスマスについて書かれた本も流行し、1840年代になると、中流階級を対象とした大人の雑誌や読み物にも広がりました。最初にクリスマス特集号を出したのは『パンチ』誌で、1841年。ディケンズの『クリスマス・キャロル』の出版がそれに続きました。

Column

ヘンリー・コール

商業用クリスマス・カードの製作者として知られる彼は、公務員という表向きの顔とは別に、フェリックス・サマリーというペンネームを持って、子どもの本や産業美術のデザインを手がけました。子どもの本は、自分の二人の娘に読ませたい本が見つからなかったため、自分で編集した小冊子『家庭宝典』を一八四三年からシリーズで発行し、子どもたちの間でも大いに読まれました。『おとぎ話集』（一八四五）も人気でした。

コールはさらに歴史、建築、美術関係の書物を著し、音楽評論家の才能も持っていました。一八四六年には、王立芸術協会のコンクールに、自らがデザインした紅茶器セットを出品し、入賞、ミントン社から発売され、人気を博しました。のちに万国博覧会にもかかわるなど、才能を遺《い》憾《かん》なく発揮した人物です。

Column

いつから大人？

ヴィクトリア朝において、何歳から大人とされたのでしょう。逆にいうといつまでが子どもとみなされていたのでしょうか。働いて自立する、結婚する、あるいは身体の成長にともなって子ども服から大人のデザインに変えるなど、ポイントはいくつかありますが、選挙権や飲酒年齢などのような、何歳から大人という明確な定義は難しいものがあります。そもそも「子ども」という定義はごく近代になって認識されるようになったものでした。

わしゃあ、十二の年からこっち、猟馬小屋にいたり、競馬うまの小屋にいたりして、ずうっと、馬の世話をしてきたんだ

（アンナ・シュウエル『黒馬物語』土井すぎの訳）

就労でみれば、ヴィクトリア朝初期には、九歳にもなれば、男の子も女の子も大人にまじって工場で働きました。労働者階級の子どもは、幼いうちから家内労働に従事し、女の子は弟や妹の世話や家事手伝いをさせられました。一二、一三歳にもなれば、徒弟として親方の家に住み込んで働いたり、裁縫の縫い子などの見習い奉公に出たりすることが普通でした。つまり幼いうちから、家計を助ける一員とみなされ、手に職をつけるよう自立を促されていたのです。

さらに、社会の底辺で生きる子どもたちにとっては、少しでも早く大人になることが生きるための手段でした。社会からはじき出された少女が行き着くところは、つまるところ夜の街角に立つことで、ロンドンの売春婦の多くは一三歳になるかならないかだったそうです。一八八五年にいたるまで英国では和姦（合意の上で行われる性行為）の最低年齢がわずか一二歳で、強姦罪も適用されませんでした。そのような少女たちは、似た境遇の少年たちと一緒に暮らし、自然と夫婦の関係になっていきました。

子どもらしく、遊んだり勉強したりして過ごせたのは、恵まれた家庭の子どもたちだけでした。彼らも生活や行動をナースや家庭教師に管理されていたため、自由気ままにはできなかったものの、寄宿学校に上がるまで、もしくは社交界にデビューするまでは、少なくとも子どもとしていられたのです。その一方で、子どもの飲酒やタバコには寛容でした。

少年たちは、ドレスを脱いでズボンをはくようになると幼年時代を卒業したとされ、やがて寄宿学校の厳しい規律社会に送り込まれました。一方、少女たちが大人になるときも、やはり服装によって表されました。髪を結い上げ、ドレスの裾が長くなることで、社交界デビュー、つまり大人の仲間入りをしたのです。

少女にとって、家を離れてるということは、大人になるという意味でした。両親の管理下から外れることこそが、子ども時代との決別だったのです。

おわりに

私の友人に、江戸時代生まれの祖父がいた人がいます。その人の思い出話を通して江戸時代に触れる感覚は、なんとも不思議なもので、その時代と重なるヴィクトリア朝が急に身近に思えたものでした。

ヴィクトリア朝といえば、エプロンドレスの女の子や、紅茶や馬車、れんがの町並み、素敵な庭など憧れの児童文学の世界を思い浮かべる方は多いでしょう。ですが、この時代について文献をひもとくうちにわかってきたのは、この時代を生きた子どもが、なんと大きな制約を受けて育ったかということでした。

外と同じくらいに寒い寝室、不衛生な水と空気、生まれ落ちたときから辛苦の烙印を押される貧しい子どもたち、着心地の悪い窮屈な服やひどい体罰、常に飢えと隣り合わせだったことなど、おおよそロマンチックな憧れなど吹き飛ぶような、数々の事実に驚かされました。

だからこそ子どもたちは多くの夢と憧れを必要としたのかもしれません。英国で花開いたファンタジーは、物語を求める子どもたちがあってこそ誕生したのです。この本をまとめるにあたり、無数のヴィクトリア朝の子どもたちに、絵や写真、記録を通じて出会いました。彼らがその後、幸多い人生であったことを願いつつ、結びの言葉に代えさせていただきます。

ちばかおり

本書で引用した作品

- 『ジェーン・エア』シャーロット・ブロンテ、大久保康雄訳、新潮社、1953
- 『小公女』フランシス・ホジソン・バーネット、川端康成・野上彰訳、KADOKAWA、1958
- 『デイヴィッド・コパフィールド』チャールズ・ディケンズ、中野好夫訳、新潮社、1967
- 『ふしぎなマチルダばあや』クリスチアナ・ブランド、矢川澄子訳、学研プラス、1970
- 『宝さがしの子どもたち』イーディス・ネズビット、吉田新一訳、福音館書店、1974
- 『ウィロビー・チェースのおおかみ』ジョーン・エイケン、大橋善恵訳、冨山房、1975
- 『意地っぱりのおばかさん』ルーシー・ボストン、立花美乃里訳、福音館書店、1982
- 『火の鳥と魔法のじゅうたん』イーディス・ネズビット、猪熊葉子訳、岩波書店、1983
- 『小公子』フランシス・ホジソン・バーネット著、吉野壮児訳、KADOKAWA、1987
- 『トム・ブラウンの学校生活』トマス・ヒューズ、前川俊一訳、岩波書店、1989
- 『バターシー城の悪者たち』ジョーン・エイケン、大橋善恵訳、冨山房、1991
- 『魔よけ物語』イーディス・ネズビット、八木田宜子訳、講談社、1995
- 『水の子どもたち』チャールズ・キングズリー、芹生一訳、偕成社、1996
- 『家なき子』エクトール・マロ、二宮フサ訳、偕成社、1997
- 『農場にくらして』アリソン・アトリー、上條由美子・松野正子訳、岩波書店、2000
- 『クリスマス・キャロル』チャールズ・ディケンズ、脇明子訳、岩波書店、2001
- 『こねこのトムのおはなし』ビアトリクス・ポター、石井桃子訳、福音館書店、2002
- 『こぶたのロビンソンのおはなし』ビアトリクス・ポター、まさきるりこ訳、福音館書店、2002
- 『砂の妖精』イーディス・ネズビット、石井桃子訳、福音館書店、2002
- 『オリバー・ツイスト』チャールズ・ディケンズ、中村能三訳、新潮社、2005
- 『白い人たち』F・H・バーネット、砂川宏一訳、文芸社、2005
- 『マチルダばあや、ロンドンへ行く』クリスチアナ・ブランド、こだまともこ訳、あすなろ書房、2008
- 『風にのってきたメアリー・ポピンズ』P・L・トラヴァース、林容吉訳、岩波書店、2000
- 『消えた王子』フランシス・ホジソン・バーネット、中村妙子訳、岩波書店、2010
- 『ツバメ号とアマゾン号』アーサー・ランサム、神宮輝夫訳、岩波書店、2010
- 『黒馬物語』アンナ・シュウエル、土井すぎの訳、岩波書店、2011
- 『鉄道きょうだい』イーディス・ネズビット、中村妙子訳、教文館、2011
- 『バーネット自伝──わたしの一番よく知っている子ども』フランシス・ホジソン・バーネット、三宅興子・松下宏子編・訳、翰林書房、2013
- 『アーデン城の宝物』イーディス・ネズビット、井辻朱美・永島憲江訳、東京創元社、2014
- 『大いなる遺産』チャールズ・ディケンズ、石塚裕子訳、岩波書店、2014
- 『子どもの詩の園』ロバート・ルイス・スティーヴンソン著、ないとうりえこ訳、KADOKAWA／メディアファクトリー、2014
- 『ブロード街の12日間』デボラ・ホプキンソン、千葉茂樹訳、あすなろ書房、2014
- 『少年キム』ラドヤード・キプリング、三辺律子訳、岩波書店、2015
- 『北風のうしろの国』ジョージ・マクドナルド著、脇明子訳、岩波書店、2015

参考文献

・『自由と規律　イギリスの学校生活』池田潔著、岩波書店、1949
・『ロンドン庶民生活史』R・J・ミッチェル、M・D・R・リーズ著、松村赳訳、みすず書房、1971
・『児童文学の中の子ども』神宮輝夫著、NHK出版、1974
・『マザー・グースの唄　イギリスの伝承童謡』平野敬一著、中央公論社、1972
・『おもちゃの文化史』A・フレイザー著、和久洋三監訳、和久明生・菊島章子訳、玉川大学出版部、1980
・『子どもの本の歴史　英語圏の児童文学　上・下』J・R・タウンゼンド著、高杉一郎訳、岩波書店、1982
・『イギリス社会史2』G・M・トレヴェリアン著、松浦高嶺・今井宏訳、みすず書房、1983
・『イギリスの公共図書館』T・ケリー、E・ケリー著、原田勝・常盤繁訳、東京大学出版会、1983
・『ファッションの歴史　上・下』J・アンダーソン・ブラック、マッジ・ガーランド著、山内沙織訳、PARCO出版、1985
・『路上の人びと　近代ヨーロッパ民衆生活史』川名隆史・篠原敏昭・野村真理著、日本エディタースクール出版部、1987
・『ヴィクトリア朝の人びと』A・ブリッグズ著、村岡健次・河村貞枝訳、ミネルヴァ書房、1988
・『19世紀末英国における労働者階級の生活状態』原剛著、勁草書房、1988
・『大英帝国　最盛期イギリスの社会史』長島伸一著、講談社、1989
・『幸福の約束　イギリス児童文学の伝統』フレッド・イングリス著、中村ちよ・北條文緒訳、紀伊國屋書店、1990
・『イギリス童謡の星座』内藤里永子著、吉田映子訳詩、大日本図書、1990
・『母という経験　自立から受容へ　少女文学を再読して』宮迫千鶴著、平凡社、1991
・『ヴィクトリア時代　ロンドン路地裏の生活誌　上・下』ヘンリー・メイヒュー著、ジョン・キャニング編、植松靖夫訳、原書房、1992
・『英国流立身出世と教育』小池滋著、岩波書店、1992
・『絵でよむ子どもの社会史　ヨーロッパとアメリカ・中世から近代へ』アニタ・ショルシュ著、北本正章訳、新曜社、1992
・『ひなぎくの首飾り』ニュー・ファンタジーの会、透土社、1992
・『ヴィクトリア朝の文学と絵画』村松昌家著、世界思想社、1993
・『ヴィクトリア朝万華鏡』高橋裕子・高橋達史著、新潮社、1993
・『子ども観の社会史　近代イギリスの共同体・家族・子ども』北本正章著、新曜社、1993
・『台所の文化史』モリー・ハリスン著、小林祐子訳、法政大学出版局、1993
・『ガヴァネス　ヴィクトリア時代の〈余った女〉たち』川本静子著、中央公論社、1994
・『ドレ画　ヴィクトリア朝時代のロンドン』小池滋編著、社会思想社、1994
・『「パンチ」素描集　19世紀のロンドン』松村昌家編、岩波文庫、1994
・『鍵穴から覗いたロンドン』スティーブ・ジョーンズ著、友成純一訳、筑摩書房、1995
・『ロイヤル・レシピ』ミシェル・ブラウン著、井村君江訳、筑摩書房、1995
・『イギリスのお話は、おいしい。すてきなティータイム』白泉社、1996
・『子ども部屋　心なごむ場所の誕生と風景』イルゲボルク・ヴェーバー＝ケラーマン著、田尻三千夫訳、白水社、1996
・『こどもの歴史』モリー・ハリスン著、藤森和子訳、法政大学出版局、1996
・『生活文化のイギリス史　紅茶からギャンブルまで』指昭博編著、同文館、1996
・『ヴィクトリア朝の性と結婚　性をめぐる26の神話』度会好一著、中央公論社、1997
・『19世紀のロンドンはどんな匂いがしたのだろう』ダニエル・プール著、片岡信訳、青土社、1997
・『続　イギリスのお話は、おいしい。料理編』白泉社、1997
・『ヨーロッパの舌はどう変わったか　十九世紀食卓革命』南直人著、講談社、1998
・『英国ヴィクトリア朝のキッチン』ジェニファー・ディヴィーズ著、白井義昭訳、彩流社、1998
・『子どもたちと産業革命』C・ナーディネリ著、森本真美訳、平凡社、1998
・『ヴィクトリア時代の女性と教育　社会階級とジェンダー』ジューン・パーヴィス著、香川せつ子訳、ミネルヴァ書房、1999
・『産業遺産「地域と市民の歴史」への旅』加藤康子著、日本経済新聞社、1999
・『ミステリーの都ロンドン　ゴースト・ツアーへの誘い』石原孝哉・市川仁・内田武彦著、丸善、1999
・『物語る人「宝島」の作者　R・L・スティーヴンスンの生涯』よしだみどり著、毎日新聞社、1999
・『ロンドン＝炎が生んだ世界都市　大火・ペスト・反カトリック』見市雅俊著、講談社、1999
・『イギリスにおける労働者階級の状態　上・下』F・エンゲルス著、浜林正夫訳、新日本出版、2000
・『下着の誕生　ヴィクトリア朝の社会史』戸矢理衣奈著、講談社、2000
・『旅するイギリス小説　移動の想像力』久守和子・大神田丈二・中川僚子編著、ミネルヴァ書房、2000
・『図説　ヴィクトリア朝百貨事典』谷田博幸著、河出書房新社、2001
・『挿絵画家の時代　ヴィクトリア朝の出版文化』清水一嘉著、大修館書店、2001
・『おとぎの国のモード　ファンタジーに見る服を着た動物たち』坂井妙子著、勁草書房、2002
・『概説　イギリス文化史』佐久間康夫・中野葉子・太田雅孝編著、ミネルヴァ書房、2002
・『近代デザイン史　ヴィクトリア朝初期からバウハウスまで』藪亨著、丸善、2002
・『本を読む少女たち　ジョー、アン、メアリーの世界』シャーリー・フォスター＆ジュディ・シモンズ著、川端有子訳、柏書房、2002
・『〈インテリア〉で読むイギリス小説　室内空間の変容』久守和子・中川僚子編著、ミネルヴァ書房、2003
・『演劇と社会　英国演劇社会史』中山夏織著、美学出版、2003
・『西洋服飾史　図説篇』丹野郁編著、東京堂出版、2003
・『ヨーロッパの子どもの本　300年の歩み　上・下』ベッティーナ・ヒューリマン著、野村泫訳、筑摩書房、2003
・『イギリスにおける育児の社会化の歴史』小川富士枝著、新読書社、2004
・『不機嫌なメアリー・ポピンズ　イギリス小説と映画から読む「階級」』新井潤美著、平凡社、2005
・『〈子どもの本〉黄金時代の挿絵画家たち』リチャード・ダルビー著　吉田新一、宮坂希美江訳、西村書店、2006
・『アリスの服が着たい　ヴィクトリア朝児童文学と子供服の誕生』坂井妙子著、勁草書房、2007
・『ギッシングを通してみる後期ヴィクトリア朝の社会と文化』松岡光治編、溪水社、2007
・『図説　マザーグース』藤野紀男著、河出書房新社、2007
・『図説　不思議の国のアリス』桑原茂夫著、河出書房新社、2007
・『秘密の花園　クックブック』エイミー・コトラー著、北野佐久子訳、東洋書林、2007
・『危ない食卓　十九世紀イギリス文学にみる食と毒』横山茂雄編、新人物往来社、2008

- 『イギリス炭鉱写真絵はがき』乾由紀子著、京都大学学術出版会、２００８
- 『ハリー・ポッターと不思議の国イギリス』クリストファー・ベルトン著、渡辺順子訳、コスモピア、２００８
- 『アメリカ服飾社会史』濱田雅子著、東京堂出版、２００９
- 『「もの」から読み解く世界児童文学事典』川端有子・こだまともこ・水間千恵、本間裕子、遠藤純編著、原書房、２００９
- 『芽吹きはじめたファンタジー』中野節子、水井雅子・吉井紀子著、ＪＵＬＡ出版局、２０１０
- 『英国メイド マーガレットの回想』マーガレット・パウエル著、村上リコ訳、河出書房新社、２０１１
- 『図説 英国レディの世界』岩田託子・川端有子著、河出書房新社、２０１１
- 『図説 英国メイドの日常』村上リコ著、河出書房、２０１１
- 『ドリトル先生の世界』南條竹則著、国書刊行会、２０１１
- 『イギリスの不思議と謎』金谷展雄著、集英社、２０１２
- 『ケイト・グリーナウェイ ヴィクトリア朝を描いた絵本作家』川端有子編著、河出書房新社、２０１２
- 『ヨーロッパ交通史 １７５０―１９１８年』サイモン・Ｐ・ヴィル著、梶本元信・野上秀雄訳、文沢社、２０１２
- 『英語圏諸国の児童文学Ⅰ』日本イギリス児童文学会編、ミネルヴァ書房、改訂版２０１３
- 『英米児童文学55のキーワード』白井澄子・笹田裕子編著、ミネルヴァ書房、２０１３
- 『暮らしのイギリス史』ルーシー・ワースリー著、中島俊郎・玉井史絵訳、ＮＴＴ出版、２０１３
- 『子どもの世紀』神宮 輝夫・北本 正章・高田賢一編著、ミネルヴァ書房、２０１３
- 『写真で見るヴィクトリア朝ロンドンの都市と生活』アレックス・ワーナー、トニー・ウィリアムズ著、松尾恭子訳、原書房、２０１３
- 『図解 貴婦人のドレスデザイン １７３０〜１９３０年』ナンシー・ブラッドフィールド著、ダイナワード訳、マール社、２０１３
- 『図説 タータン・チェックの歴史』奥田実紀著、河出書房新社、２０１３
- 『むかしむかしの絵本の挿し絵』エイミー・ワインスタイン著、グラフィック社、２０１３
- 『シャーロック・ホームズと見るヴィクトリア朝英国の食卓と生活』関矢悦子著、原書房、２０１４
- 『図説 英国貴族の令嬢』村上リコ著、河出書房新社、２０１４
- 『ヴィクトリア時代の衣装と暮らし』石井理恵子、村上リコ編著、新紀元社、２０１５
- 『図説 ヴィクトリア朝の暮らし ビートン夫人に学ぶ英国流ライフスタイル』Cha Tea紅茶教室著、河出書房新社、２０１５
- 『こども服の歴史』エリザベス・ユウィング著、能澤慧子・杉浦悦子訳、東京堂出版、２０１６
- 『図説 英国ファンタジーの世界』奥田実紀著、河出書房新社、２０１６
- 『パブリック・スクール イギリス的紳士・淑女のつくられかた』新井潤美著、岩波新書、２０１６
- 『魅惑のヴィクトリア朝 アリスとホームズの英国文化』新井潤美著、ＮＨＫ出版、２０１６
- 『イラストでわかる麗しのドレス図鑑』花園あずき著、徳井淑子監修、マール社、２０１７
- 『ウィリアム・ド・モーガンとヴィクトリアン・アート』吉村典子著、淡交社、２０１７
- 『ヴィクトリア朝英国人の日常生活 貴族から労働者階級まで 上・下』ルース・グッドマン著、小林由果訳、原書房、２０１７
- 『絵本はここから始まった ウォルター・クレインの本の仕事』青幻舎、２０１７
- 『図説 ヴィクトリア女王 英国の近代化をなしとげた女帝』デボラ・ジャッフェ著、二木かおる訳、原書房、２０１７
- 『発見！不思議の国のアリス 鉄とガラスのヴィクトリア時代』寺嶋さなえ著、彩流社、２０１７
- 『クリスマスの歴史 祝祭誕生の謎を解く』ジュディス・フランダーズ著、伊藤はるみ訳、原書房、２０１８
- 『図説 ヴィクトリア朝の女性と暮らし ワーキング・クラスの人びと』川端有子著、河出書房新社、２０１９
- 『パンチ&ジュディのイギリス文化史』ロバート・リーチ著、岩田託子訳、昭和堂、２０１９
- 『Patterns of Fashion1, 2.』Janet Arnold, Macmillan, 1966
- 『PUNCH ON CHILDREN: A Panorama 1845~1865』David Duff, Frederick Muller Ltd,1975
- 『Children's Fashions of the Past in Photographs』Alison Mager, Dover Publications,Inc.,1978
- 『DATING OLD PHOTOGRAPHS』Robert Pols, Fedeartion of Family History Societies, 1992
- 『VICTORIAN BRITAIN』John Sampson, Ginn and company, 1992
- 『WOMEN'S FASHIONS OF THE EARLY 1900s』National Cloak & Suit Co., Dover Publications,Inc, 1992
- 『THE VICTORIAN SCHOOLROOM』Trevor May, Shire Publications, 1994
- 『LEWIS CARROLL AND ALICE』Stephanie Lovett Stoffel, Thames & Hudson Ltd, 1997
- 『VICTORIAN CHRISTMAS』Bobbie Kalman & Barbara Bedell, Crabtree Publishing Company, 1997
- 『LIFE IN VICTORIAN BRITAIN』Text by Michael St John Parker, Pitkin Publishing, 1999
- 『CHIMNEYS AND CHIMNEY SWEEPS』Benita Cullingford, Shire Publications, 2003
- 『VICTORIAN BRITAIN』Jarrold Publishing, 2005
- 『GONE TO THE SHOPS: Shopping in Victorian England』Kelly Graham, Praeger Publishers, 2008
- 『HOW WE PLAYED: Games From Childhood Past』Carolyne Goodfellow, The History Press, 2008
- 『IRON BRIDGE GORGE: THROUGH TIME』John Powell, Amberley Publishing, 2009
- 『THE VICTORIAN HOME』Kathryn Ferry, Shire Publications, 2010
- 『VICTORIAN CHILDHOOD』Janet Sacks, Shire Publications, 2010
- 『A YEAR IN THE LIFE OF VICTORIAN BRITAIN』Felicity Trotman, Amberley Publishing, 2015
- 『PLEASURE & PASTIMES IN VICTORIAN BRITAIN』Pamela Horn, Amberley Publishing, 2011
- 『ARMY CHILDHOOD: BRITISH ARMY CHILDREN'S LIVES AND TIMES』Clare Gibson, Shire Publications, 2012
- 『LIFE IN A COUNTRY HOUSE: UPSTAIRS & DOWNSTAIRS』Edward Hayward, Pitkin Publishing, 2012
- 『LIFE ON THE RAILWAY』Anthony Burton, Pitkin Publishing, 2012
- 『York Castle Museum Souvenir Guidebook』York Museums Trust, 2014
- 『How to Read a Dress』Lydia Edwards,BLOOMSBURY,2017

ヴィクトリア朝 年表

初期

西暦	出来事
1837	●ウィリアム四世が死去し、ヴィクトリア女王18歳で即位 ●出生の登録が義務化
1838	●ヴィクトリア女王戴冠式 ●チャーチスト運動（労働者階級の選挙権要求運動）始まる ●第一次アフガン戦争（～1842年） ●『オリバー・ツイスト』（チャールズ・ディケンズ）刊行
1839	●ロンドンで16歳以下へのアルコール禁止法が成立（国内全土で禁止になるのは1872年）＊ビールは除外
1840	●ヴィクトリア女王、ドイツのザクセン＝コーブルク＝ゴータ公子アルバートと結婚 ●清とのアヘン戦争始まる（～1842） ●ニュージーランド、イギリスの植民地になる ●アフタヌーンティーの習慣が上流階級で始まる ●1ペニー郵便制度始まる ●21歳以下の煙突掃除人禁止
1841	●ウインザー城にクリスマスツリーが飾られる ●トーマス・クックが鉄道旅行を手配 ●『パンチ』誌創刊
1842	●アヘン戦争終結。南京条約が締結され、香港が割譲される（1997年に返還） ●女王夫妻が王室専用汽車で初めての鉄道の旅 ●鉱山で働く子どもと女性の労働条件と時間の改善法案が通過 ●エドウィン・チャドウィックが労働貧民の衛生状態に関する研究を発表
1843	●印刷されたクリスマスカードが発売

西暦	出来事
	●一般向けの電報サービス始まる ●劇場法が通過、劇場内での飲食物の販売が可能に ●『クリスマス・キャロル』（チャールズ・ディケンズ）刊行
1844	●初の生活協同組合の店が開店 ●シャフツベリー卿が「貧民学校」設立
1845	●ガラス税、鏡税廃止 ●アイルランドでジャガイモ飢饉発生、以後難民が続出 ●ヴィクトリア女王の離宮、ワイト島のオズボーン・ハウスが建設される
1846	●穀物法が廃止 ●『ノンセンスの本』（エドワード・リア）刊行
1847	●「ロンドン動物園」が一般公開される ●ヴィクトリア女王が初めて海水浴をする ●女性専門サマンタンフリー病院設立 ●ロンドン大学が女子生徒を受け入れる ●世界初のクロロホルムによる無痛分娩が行われる ●菓子職人トム・スミスがクリスマス・クラッカーを発明 ●『ジェーン・エア』（シャーロット・ブロンテ）刊行
1848	●ヴィクトリア女王、スコットランドのロイヤル・ディーサイドの地所を貸借（のちに購入し、バルモラル城が建設される） ●ロンドンでコレラが流行 ●公衆衛生法施行され、下水設備と公衆衛生が改善される ●W・H・スミスがロンドンの鉄道駅での本の販売許可を取得
1849	●ヴィクトリア女王夫妻、初めてアイルランドを訪問

中期

西暦	出来事
	●自由貿易の高まりにより航海法が撤廃、外国船が参入。ティークリッパーレースが発展
1850	●公共図書館法制定、初の公共図書館が開館する ●『ディビッド・コパフィールド』（チャールズ・ディケンズ）刊行 ●女生徒のためのノース・ロンドン・コリージット・スクールが開校
1851	●世界初のロンドン万国博覧会が開催 ●国勢調査の実施 ●窓税廃止 ●ロンドンからパリへ、海底ケーブルで音が送信される
1852	●ロンドン万国博覧会の収益で「産業博物館」が開館（1857年に移転し「サウス・ケンジントン博物館」と改名。1899年には「ヴィクトリア＆アルバート博物館」と改名） ●サミュエル・ビートンが中産階級の女性向け雑誌『英国婦人の家庭雑誌』を創刊
1853	●ヴィクトリア女王、出産の痛み緩和にクロロホルムを使用 ●子どもの労働をさらに制限する法案が可決 ●煙突排煙規制法が可決 ●英国初の郵便ポスト設置 ●クリミア戦争勃発、ナイチンゲール従軍
1854	●ロンドンでコレラが流行
1855	●河川水のろ過が義務化される ●印紙税（新聞や雑誌に課された税金）が廃止
1856	●クリミア戦争終結
1857	●マンチェスター美術名宝博覧会が開催 ●インド大反乱（～1859年）

西暦	出来事
	●『トム・ブラウンの学校生活』(トーマス・ヒューズ)刊行
1858	●インド統治法成立(インド統治を東インド会社を通しての間接統治から直接統治へ。これにより東インド会社は解散)
	●英国で初の国産ミシンが発売(普及は60年代)
	●医師法が制定
1859	●『種の起源』(チャールズ・ダーウィン)刊行
	●ウエストミンスター宮殿(国会議事堂)付属の時計台「ビッグ・ベン(現エリザベスタワー)」完成
	●世界初のドッグ・ショー、ニューカッスルで開催
1860	●不純食品取締法が制定
1861	●ヴィクトリア女王の夫・アルバート公死去
	●『ビートンの家政本』刊行
1862	●王立園芸協会主催のフラワー・ショーが始まる(のちのチェルシー・フラワー・ショー)
1863	●ロンドンに下水道が敷設(~1867)
	●ロンドンに世界初の地下鉄(蒸気機関車)が開通
	●ロンドンに助産婦養成学校設立
	●『水の子どもたち』(チャールズ・キングズリー)刊行
1865	●女性参政権運動始まる
	●『不思議の国のアリス』(ルイス・キャロル)刊行
1866	●英国―アメリカをつなぐ大西洋横断電信ケーブルが敷設
	●バーナード博士が初の少年向け施設を設立
	●ロンドンでコレラが流行
1867	●テムズ川大下水道が完成
	●土曜半日休暇制度が定められ、週休二日制が実現
	●南アフリカでダイヤモンド鉱山発見

後期

西暦	出来事
	●カナダ、植民地から自治領へ
1968	●パブリック・スクール法成立
1869	●スエズ運河が開通
1870	●初等教育法制定。イングランドとウェールズの5~12歳のすべての子どもの教育を義務化
	●電信ケーブルが英国―インド間に敷設
1871	●労働組合法制定により、ストライキ権も認められる
	●バンク・ホリデー制定により、イースター、クリスマスなどの国民の休日が成立
	●「ロイヤル・アルバート・ホール」開館
	●『北風のうしろの国』(ジョージ・マクドナルド)刊行
1872	●使用人組合結成
	●幼児生命保護法成立
1873	●大不況(英国経済は最大で1896年まで連続的に不況が続く)
1875	●英国がスエズ運河の筆頭株主となる
	●砂糖税の廃止
	●「リバティ」創業
	●結婚可能年齢が13歳と法律で定められる
1876	●人工氷のスケート場ができる
1877	●英国領インド帝国成立(ヴィクトリア女王はインド皇帝を兼任)
1878	●第二次アフガン戦争(~1880年)
1879	●電話交換局開設
1880	●サイクリングブーム始まる
	●第一次ボーア戦争(~1881年)
	●オーストラリアから冷凍船輸送開始
1880	●1880年教育法制定。就学が義務化される
1881	●「自然史博物館」が設立
1883	●「ハロッズ」が大型百貨店となる
	●『宝島』(ロバート・ルイス・スティーブンソン)刊行

西暦	出来事
1884	●農業労働者や鉱山労働者にも選挙権が拡大
	●ロンドンで国際保健博覧会が開催。コルセットの使用について議論された
	●児童虐待防止協会設立
1886	●『ジキル博士とハイド氏』(ロバート・ルイス・スティーヴンソン)刊行
	●アイルランド自治法否決
	●13歳以下へのビールの販売を禁止
1887	●第一回英国植民地会議が開催
	●ヴィクトリア女王即位50周年記念式典「ゴールデン・ジュビリー」開催
	●『シャーロック・ホームズ』シリーズ(コナン・ドイル)開始
1888	●切り裂きジャック事件が起こる
	●『幸福な王子』(オスカー・ワイルド)刊行
	●『セーラ・クルー』(フランシス・ホジソン・バーネット)刊行
1890	●ニュージーランドを保護領とする英仏協定
	●ロンドンでチューブ型地下鉄開通
1891	●公立初等教育の授業料廃止
1894	●『ジャングル・ブック』(ラドヤード・キップリング)刊行
1895	●環境保護団体「ナショナル・トラスト」設立
1897	●第二回英国植民地会議が開催
	●ヴィクトリア女王即位60周年記念式典「ダイヤモンド・ジュビリー」開催
1898	●アレグザンダー・グラハム・ベルが飛行機の制作を開始
1899	●第二次ボーア戦争(~1902年)
	●第一回ハーグ国際平和会議開催
1901	●ヴィクトリア女王死去
	●オーストラリア独立
1902	●『砂の妖精』(イーディス・ネズビット)刊行
1904	●『ピーター・パン』(J・M・バリ)初演

◉著者略歴

奥田実紀（おくだ・みき）

編集者、コピーライターを経てフリーライターへ。赤毛のアン、タータン、児童文学、国産紅茶等、さまざまなテーマで精力的に取材を行い、書籍を多数出版。雑誌や新聞への寄稿、ラジオ出演、カルチャーセンター等での講演会も行う。

主な著書に、『図説 赤毛のアン』『図説 タータン・チェックの歴史』『図説 英国ファンタジーの世界』（すべて河出書房新社）、『赤毛のアン A to Z』（東洋書林）、『タータン・チェックの文化史』（白水社）などがある。

ホームページ　https://mikiokuda.com/

Instagram　https://www.instagram.com/miki_okuda1/

ちばかおり

児童書を中心に編集、デザインに携わる傍ら、『ハイジ』『若草物語』などの海外児童文学、およびテレビアニメシリーズ『世界名作劇場』を研究、聞き取り、実地調査を重ねる。

主な著作に、『図説 アルプスの少女ハイジ』（河出書房新社）、『ハイジが生まれた日』（岩波書店）、『アルプスの少女ハイジの世界』『ラスカルにあいたい』（求龍堂）、『「ラスカル」の湖で スターリング・ノース（名作を生んだ作家の伝記）』（文溪堂）、『世界名作劇場シリーズ メモリアルブック』『世界名作劇場への旅』（新紀元社）がある。

ふくろうの本

図説　ヴィクトリア朝の子どもたち

二〇一九年一一月二〇日初版印刷

二〇一九年一一月三〇日初版発行

著者……………………奥田実紀
　　　　　　　　　　ちばかおり

装幀・デザイン………松田行正＋日向麻梨子

発行者…………………小野寺優

発行……………………株式会社河出書房新社
　　　　　　　　　　〒一五一-〇〇五一
　　　　　　　　　　東京都渋谷区千駄ヶ谷二-三二-二
　　　　　　　　　　電話　〇三-三四〇四-一二〇一（営業）
　　　　　　　　　　　　　〇三-三四〇四-八六一一（編集）
　　　　　　　　　　http://www.kawade.co.jp/

印刷……………………大日本印刷株式会社

製本……………………加藤製本株式会社

Printed in Japan

ISBN978-4-309-76289-0